Printed in the United States
By Bookmasters

خواطر من اليابان ٣

أحمد الشقيري

العبيكان
Obeikan

فهرسة مكتبة الملك فهد الوطنية أثناء النشر

الشقيري، أحمد مازن أحمد

خواطر شاب: الجزء الثالث./ أحمد مازن أحمد الشقيري.

- الرياض، ١٤٣٠هـ

١٤٢ص؛ ١٤ * ٢١سم

ردمك: ٨-٨٢٥-٥٤-٩٩٦٠-٩٧٨

١- الإسلام - مقالات ومحاضرات

أ- العنوان

ديوي ٢١٠,٨ ٥٩٦٥/ ١٤٣٠

رقم الإيداع: ٥٩٦٥/ ١٤٣٠

ردمك: ٨-٨٢٥-٥٤-٩٩٦٠-٩٧٨

الطبعة الأولى

١٤٣٠هـ/ ٢٠٠٩م

الناشر: العبيكان Obeikan للنشر

الرياض - شارع العليا العام - جنوب برج المملكة

هاتف ٢٩٣٧٥٧٤ /٢٩٣٧٥٨١ فاكس ٢٩٣٧٥٨٨

ص. ب ٦٧٦٢٢ الرمز ١١٥١٧

التوزيع: مكتبة العبيكان Obeikan

الرياض - العليا - تقاطع طريق الملك فهد مع العروبة

هاتف ٤١٦٠٠١٨ /٤٦٥٤٤٢٤ فاكس ٤٦٥٠١٢٩

ص. ب ٦٢٨٠٧ الرمز ١١٥٩٥

بسم الله الرحمن الرحيم

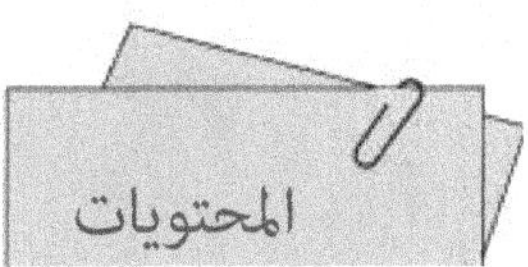
المحتويات

المقدمة

قالوا: (إذا كان العالم يلهو، فاليابان تعمل).

قبل زيارتي لليابان كنت أعلم بتقدمهم العلمي والتكنولوجي. ولكن ما لم أتوقعه هو تقدمهم الأخلاقي.

لم أتوقع مدى النظافة والاحترام والتواضع والأمانة لدى الشعب الياباني.

خرجت من اليابان، وأنا أحمد الله أنه يوجد يابانيون على الكرة الأرضية؛ لأنهم جسدوا لي الأخلاق النبوية. حمدت الله أن ما كنت أتمنى أن أراه في عالمنا الإسلامي ليس مجرد أحلام ولا مبالغات، ولكنه يمكن تحقيقه؛ لأن اليابانيين حققوه وهم بشر مثلنا، مع العلم أن هذه الأخلاق عالمية، وليست إسلامية فقط. فالأمانة والنظافة والتواضع مبادئ جاء بها كل الأنبياء وروج لها كل المفكرين والفلاسفة

عبر العصور. والياباني لديه هذه المبادئ المستمدة من ثقافة الشنتو، ومن الديانة البوذية.

الفـرق بيننا وبينهم أنهم حولوا هذه المبادئ إلى تطبيق عملي، يظهر جليا في الحياة اليومية في اليابان، بينما نحن اكتفينا بحفظ هذه المبادئ في رؤوسـنا دون أثر على واقعنا واكتفينا بالتغني بالماضي، وكيف كنا، ونسينا أن المبادئ دون تطبيق وأثر في العمل هي مضيعة للوقت، والله سبحانه وتعالى وجه كلمة لاذعة لليهود؛ لأنهم حفظوا المبادئ دون تطبيق، فقال سبحانه: ﴿ مَثَلُ الَّذِينَ حُمِّلُوا التَّوْرَاةَ ثُمَّ لَمْ يَحْمِلُوهَا كَمَثَلِ الْحِمَارِ يَحْمِلُ أَسْفَارًا بِئْسَ مَثَلُ الْقَوْمِ الَّذِينَ كَذَّبُوا بِآيَاتِ اللَّهِ وَاللَّهُ لَا يَهْدِي الْقَوْمَ الظَّالِمِينَ (٥) ﴾ [الجمعة: ٥]، وأخشى أن هذه الآية لم تعد تنطبق على اليهود فقط، ولكن معناها تجده واضحا في حياة المسلمين اليوم مع الأسف، حيث إنهم حملوا القرآن، ولكن لم يطبقوه، وحملوا سيرة الرسول صلى الله عليه وسلم ولكن لم يجسدوها في واقعهم!

أقول هذا الـكلام وأنا كلي أمل وتفاؤل أن ينصلح الحال! أمنيتي أن يحدث هذا الكتاب ألماً لدى القارئ.. ألماً على الفرق الكبير بيننا وبينهم، ولكن في الوقت نفسه أن يكون مع هذا الألم أمل وتفاؤل أنهم وصلوا إلى هذا؛ فيمكننا نحن أن نصل أيضاً، وأن يكون لدينا تفاؤل أن الأمم لا تحتاج إلى أكثر من جيل واحد لكي تتغير ويتقلب حالها إلى الأفضل:

علم + أخلاق + عمل = نهضة

أخلاق

التواضع

إن كان هناك سبب لبشر أن يتكبروا، فاليابانيون عندهم كل الأسباب أن يتكبروا؛ بسبب تطورهم وسيطرتهم على العالم بمنتجاتهم ورقي حضارتهم، ولكنهم على النقيض تماماً، فهم شعب شديد التواضع والاحترام.

العرب عندهم كل الأسباب أن يتواضعوا أولا بسبب أن دين الإسلام يحث على التواضع، وثانيا بسبب تخلفهم وكونهم عالة على البشرية خلال مئات السنوات السابقة، وبسبب أنهم آخر ست مئة عام لم يقدموا أي شيء مفيد للكرة الأرضية، ولكنهم على النقيض عندهم كبر وغرور عجيب. طبعاً لا أعمم، وبالتأكيد ليس الكل، ولكن الثقافة الغالبة هي ثقافة تكبر. اليابانيون فيهم متكبرون، ولكنهم أقلية والعرب فيهم متواضعون، ولكنهم أقلية.

لاحظت التواضع لديهم في كثير من المواقف، ولكن ما لفت نظري أنهم عندما ننتهي من لقاء أحدهم يخرج معنا إلى خارج المبنى ويستمر في انحناء رأسه؛ تقديراً لنا ويبقى واقفاً إلى أن نركب السيارة ونسير، وهو ما زال منتظراً إلى أن تخرج السيارة عن مدى نظره!! وهذه لم تحدث معنا مرة ولا مرتين ولكن طوال إقامتنا في اليابان على مدى ٢١ يوماً، مما يوضح أنها ليست استثناء، ولكنها القاعدة لديهم.

أيضاً عندهم تقاليد في تسليم واستلام الـ "business card" فيجب تقديمها بيدين، ثم ينحني مستلم البطاقة؛ احتراماً.

تجد مدير العمل يأكل مع الموظفين في المكان نفسه. والأستاذ ينظف الفصل مع الطلاب، ورئيس الوزراء يحيا حياة عادية، ليس فيها بذخ مثله مثل غيره. طبعاً يوجد احترام شديد لمن هم أكبر منك سناً أو مقاماً ولكنه احترام وليس «ذلاً».

تذكرت المثل: «سيد القوم خادمهم» وتذكرت كيف كان الرسول صلى الله عليه وسلم بسيط التعامل مع الكل برغم أنه كان رئيس الدولة والقائد الأعلى والمدير، ولكن يأكل مع الكل، ويعيش حياة عادية، ويكره أن يعامل معاملة خاصة!

سواق تاكسي

خرجت من الفندق في طوكيو، وركبت التاكسي، متجها إلى الملحق الثقافي للسفارة السعودية لحضور دعوة عشاء أقامها سعادة السفير الأستاذ/ فيصل طراد. طبعاً سائقو التاكسي لا يتحدثون الإنجليزية،

فأعطينا سائقنا خريطة للمكان، فشغل العداد وانطلق، ثم عندما وصلنا إلى شارع قريب يظهر أنه ضاع ولم يعرف كيف يصل، فتوقف وبدأ ينظر في الخريطة، ثم فعل شيئاً عجيباً لم أتوقعه، وإلى اليوم أتذكر الموقف بإعجاب ودهشة. تخيلوا أنه عندما وجد نفسه ضائعاً، وأنه سيأخذ وقتاً أطول عن المفترض أوقف العداد!! نعم أوقف العداد من نفسه؛ كي لا يحسب أي مبلغ إضافي!! واستمر يبحث خمس دقائق في الشوارع عن المكان وعداد التاكسي ثابت لا يتغير!! سبحان الله! أمانة عجيبة وجدتها خرجت منه بتلقائية ودون تفكير، وكأنها أمر فطري تربى عليه منذ الصغر!!

حتى سائقو التاكسي العاديون يعملون باحترام وبزي موحد، وفي سيارات غير مستهلكة وبحالة جيدة.. احترام المهنة مهما كانت

قارن هذا بتجربة ركوب التاكسي في بعض البلاد الإسلامية، حيث يستغل السائق أنك أجنبي (لا تفهم شيئاً في البلد) فيغلي التسعيرة، أو يأخذ طريقاً أطول من المفترض!! لماذا الياباني أمين؟!

هناك عدة أسباب:

إن الياباني لديه مبدأ الأمانة (بغض النظر، هذا المبدأ جاء من البوذية أو من ثقافة قديمة) وهو مؤمن بهذا المبدأ إيماناً عميقاً إلى حد التطبيق العملي. ويطبق من نفسه، حتى إن لم يوجد رقيب!! أما المسلم فلديه أيضاً مبدأ الأمانة ولكنه مبدأ نظري لم يتعمق في أعماقه لحد التطبيق. فهو يحفظ الحديث: «علامة المنافق ثلاث» ومنها: «إذا اؤتمن خان» ولكنه حديث نظري ليس له أثر في واقع حياة عدد لا بأس به من المسلمين.

أمر آخر: الياباني يشعر أنه سائق تاكسي محترم ! راتبه يزيد عن ٢٠٠٠ دولار في الشهر، سيارته نظيفة، أغلب الناس يحترمونه، يشعر أن الدولة تعطيه حقه وتعامله معاملة إنسانية، ولا تتأخر الشركة عليه في دفع راتبه الشهري، ومن ثم تجد أن العمل بناء على مبدأ الأمانة الذي لديه ميسر. أما سائق التاكسي في بعض بلادنا الإسلامية فهو مهان ومحتقر وراتبه زهيد جداً لا يغطي تكاليف الحياة الأساسية،

ويشـعر أنه مظلوم وأن قيمته كإنسان مهددة، ومن ثم تجده يتخلى عن مبـدأ الأمانة؛ لأنه يرى أن المجتمع لم يكـن أميناً معه، فتجده كما يقولون بالعامية: (صار بايعها) ويتبع مبدأ: (عليَّ وعلى أعدائي) و(أمانة مين يا عم، أهم حاجة أني أجيب أكل لأولادي كل يوم).

أدعو الله - عز وجل - أن نرى الأمانة ثقافة عامة عند الشـعب، عند الفقير والغني، وعند الكبير والصغير.

زحمة يا دنيا زحمة!

من الممتع للنفس العيش في بلد منظم ، فالنظـام مريح للأعصاب؛ لأن الكل يعرف الذي له والذي عليه، ومن ثم تقلّ الاحتكاكات والخصومات.

برغم أن طوكيو بلد مزدحم، إلا أنه قلما كنا نسمع أصوات (بورِي) «كلكس» في الشـوارع، وخلال الإقامة مـع فريق عمل «خواطر» لاحظنا

أننا نسمع صوت (بوري) مرة في اليوم، وعادة على شيء كبير حصل، حتى إننا أصبحنا نمزح مع بعض، عندما نسمع (بوري) نقول: هذا هو (بوري) اليوم، وبالفعل في الأغلب لا نسمع (بوري) بعده!!

لماذا؟! لثلاثة أسباب أساسية:

إنه يوجد نظام واضح في الشوارع.

إن الكل يعرف هذا النظام ويفهمه.

إن الكل يطبق النظام (الكبير والصغير، المواطن والوزير، الغني والفقير دون تفرقة).

على الرغم من أن المعادلة أعلاه بسيطة، إلا أنها غير مطبقة في أغلب البلاد الإسلامية.

طوكيو والقاهرة كلتاهما زحمة يا دنيا زحمة! لكن هناك فرق هائل بينهما. فطوكيو زحمة، لكن زحمة منظمة ومريحة. أما القاهرة فزحمة، ولكنها زحمة ترفع ضغط من لا يشكو من ارتفاع الضغط!

والله تجد شارعاً فارغاً، ليس فيه سيارات، ومع ذلك تجد شخصاً ماشياً في الشـــارع واقفاً على إشارة المشـــاة الحمراء إلى أن تفتح خضراء، فيعبر الشارع! على الرغم من أنه وحده، ولا توجد سيارات، ولا توجد رقابة! ولكنها رقابة داخلية موجودة عند الفرد الياباني. ضمير حي يفهم أهمية تطبيق النظام وأن تطبيق النظام ســيعود بالفائدة على بلده ومجتمعه، ومن ثم عليه هو شخصيّاً في النهاية.

ما ضيع العالم العربي إلا ثقافة: (نفسي نفسي) وثقافة: (أنا كده واللي مو عاجبه يضرب رأســه في الحائط) وثقافة (هيا جاتـــ عليَّ أنا!! خلي النـــاس تطبق النظام أول، بعدين تعال كلمني) ثقافة جعلت حتى المشي في الشوارع العربية أمراً مزعجاً ومتعباً للأعصاب.

ندعو الله أن نفهم ونســتوعب أن اتباع النظام سيعود نفعه في النهاية علينا أفراداً وجماعات، وسيزيد من إنتاجية الفرد وراحته النفسية.

في وســط الزحمة ليس هناك أحلى من أن يحترم كل إنسان نفسه، وأن يطبق النظام، فلا يؤذي غيره... سبحان الله كله واقف صح!

محفظة ضائعة في وسط طوكيو

قمـت برمي محفظة في مكان عام في طوكيو؛ لنرى ردة فعل الناس. المحفظة كان فيها سـبعة آلاف يـن ياباني (قرابة ٧٥$). قمت بوضعها في وسط مكان مزدحم في سوق في طوكيو. لم تمضِ إلا خمس دقائق، وجاءت امرأة وزوجها فوجدا المحفظة راقبناهما لنرى ما هما فاعلان فوجدناهما في البداية يبحثان؛ لعلهما يريان الشـخص صاحب المحفظة، ثم ذهبا إلى خريطة للموقع، كانت بجوارهما وبدأا يبحثان عن شيء (اكتشـفنا لاحقاً أنهما كانا يبحثان عن مركز الشرطة) ثم توجها مشياً إلى أقرب مركز للشرطة (مشيا تقريباً كيلو ونصف) وسلما الشرطة المحفظة وذهبا!! فجئت إلى مركز الشرطة ثاني يوم، وذكرت لهم أني أضعت محفظة فأخذ الشرطي بياناتي، ثم اتصل بالمركز الرئيس، وخلال دقيقة (نعم دقيقة فقط) جاء اتصال أبلغنا

أن المحفظة موجودة في مركز الشرطة الفلاني فأُعطِينا العنوان!! فذهبنا ووجدنا المحفظة بانتظارنا سليمة كما هي، عندما تركناها بكل ما كان فيها.

يا ترى لو أضعت محفظة في الحرم المكي ما هي احتمالية أن أجدها كما كانت؟! لن أتكلم، وسأترك كل قارئ يقرر بنفسه بناء على ما يسمع ويرى، وبناء على ما نسمعه بشكل شبه يومي عن سرقات المحافظ والأحذية في أطهر بقاع الله.

أولاً: الأمانة أمر يؤمن به كل الناس وكل المفكرين والفلاسفة والأنبياء، فهو مبدأ إنساني عام، فلا نستغرب أن الياباني لديه أمانة، وإن لم يكن مسلماً، فالإسلام ليس الدين أو المنهج الوحيد الذي يدعو للأمانة.

ثانياً: الفرق بيننا وبين اليابانيين أنهم مؤمنون بتطبيق المبادئ أكثر منا. كلانا لديه مبدأ الأمانة. هم من بوذا ونحن من محمد صلى الله عليه وسلم. برغم اختلاف المصدر، فالمبدأ واحد. هم طبقوا المبدأ في حياتهم اليومية، ونحن اكتفينا بتحفيظ هذا المبدأ عن طريق تحفيظ الأحاديث دون الحرص على أن التطبيق أهم من التحفيظ.

هذه الفجوة العميقة بين مبادئنا، وبين أسلوب حياتنا هي الكارثة الكبرى لدى المسلمين اليوم. وهي السبب في أن شوارعنا اليوم ليست واجهة نفتخر بها أمام الناس، وليست قدوة تمثل صورة مشرقة لتعاليم الحبيب محمد صلى الله عليه و سلم.

الحمام في اليابان

الحمام في اليابان حكاية لوحده!! أولاً: الحمامات العامة في كل مكان، ولا يمكن وجود حديقـة عامة من دون حمام، وهو أمر منطقي وعقلاني إلا في بلادنـا، حيث نجد الحدائق والكورنيش، ولكن من دون حمامات!! طيب أين يقضي الإنســان حاجته؟! (مو مهم يتصرف في أي حتة)!! ثانياً: الحمام نفسه عجيب، حيث فكر اليابانيون في كيفية جعل هذا الحمام قمة الراحة.

زِر خاص لإخراج شطاف يقوم بعملية التنظيف، ويمكن التحكم في سرعة خروج المياه حسب تفضيلك.

زِر خاص للتنشيف، حيث يخرج هواء للتنشيف بعد الشطف.

المجلس نفسه مدفأ؛ حتى تجلس براحة!!

يوجد زر عجيب وهو أعجب ما رأيت، وهو زر «صوت فلاش» «sound of a flush» نعم فقط صوت يخرج يعطيك إيحاء أن الشخص شد السيفون، وهو مجرد صوت من دون مياه!! لماذا؟؟ من حرصهم الشديد على راحة الشخص، وعلى عدم إزعاج الآخرين لاحظوا في السابق أن الناس عندما تتوقع خروج «صوت» منها في أثناء الحمام كانت تقوم بشد السيفون؛ حتى يخفي الصوت، ولا يزعج الآخرين!! فاخترعوا هذا الزِّر الذي يمكن للشخص أن يضغطه لإخفاء أي أصوات قد تصدر منه في أثناء الحمام!!! وحتى لا يتم إهدار ماء السيفون عملوا هذا الصوت!!! أرجو أن أكون وضحت الموضوع، ولو لم يكن واضحاً، فمن الممكن أن تشاهدوا الحلقة الخاصة بهذا الموضوع في خواطر ٥. وليس هذا فقط فعندما سألنا المسؤولين عن تصميم هذا الحمام قالوا: إنهم جلسوا شهوراً يدرسون كم مدة الصوت المفروض أن تكون؟! فوجدوا أن المدة المثلى هي ٢١ ثانية!!

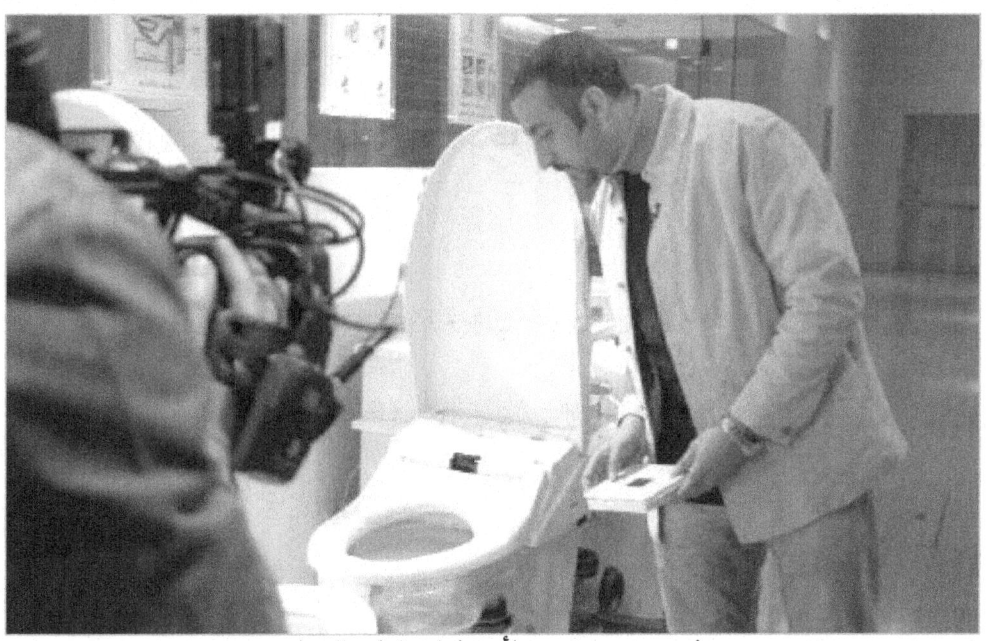

في معرض متخصص لأحدث اختراعات الحمام

انظروا إلى أي مدى وصل تفكيرهم في الآخر!! وفي عدم إزعاج الآخر!! تذكرت الحديث النبوي: «لا يؤمن أحدكم حتى يحب لأخيه ما يحب لنفسه» فكما أننا لا نحب أن نسمع الأصوات المزعجة التي تخرج من البعض في أثناء الحمام، فينبغي أن نحرص نحن ألا نزعج الناس، فكان هذا الاختراع الياباني زِر «صوت شد السيفون» ليجسد بشكل عملي أرقى درجات تطبيق هذا الحديث النبوي.

لماذا لم نفكر نحن في هذا الاختراع؟؟ أولاً: لأننا لم نعد نهتم بالآخر، فكل واحد همه الأول والأخير نفسه، ثانياً: لأننا لم نعد نفكر أصلاً!! جهاز التفكير لدينا متوقف منذ عصور طويلة!!

صباح الخير يا عرب!!

أستغرب من بعض الناس كيف «يمخط» أو «يتفل» بصوت عالٍ أمام الناس، دون أي حرج أو تفكير في الآخر، وكأنه يعيش في كوكب وحده و(يا أرض انهدّي ما عليكي أدّي)!!

انظروا إلى الدقة والحرص النبوي على عدم إزعاج الآخرين:

كان رسول الله صلى الله عليه وسلم إذا عطس غطى وجهه بثوبه، ووضع كفيه على حاجبيه.

كَانَ إِذَا عَطَسَ خَمَّرَ وَجْهَهُ، وَخَفَضَ صَوْتَهُ.

عن أَبي هُريرةَ رضي اللَّهُ عنْه، عن النَّبي صلى الله عليه وسلم: أَنَّهُ كَانَ إِذَا عَطَسَ يَخْفِضُ صَوْتَهُ، وَاسْتَتَرَ بِثَوْبٍ أَوْ يَدِهِ.

«إِذَا عَطَسَ أَحَدُكُمْ فَلْيَضَعْ كَفَّيْهِ عَلَى وَجْهِهِ وَلْيَخْفِضْ صَوْتَهُ».

كان صلى الله عليه وسلم حريصاً كل الحرص على عدم إزعاج الآخرين مهما كان هذا الإزعاج بسيطاً، فأين هذا الهدي النبوي الشريف اليوم؟

الأعمى

كل شوارع طوكيو ومحلاتها ومحطات قطاراتها فيها ممرات مخصصة للعمي!! وهي ممرات مدببة على الأرض، بحيث يشعر بها الرجل الأعمى، وهي مدببة بشكل طولي، ثم عندما يكون هناك

تقاطع أو درج تتحول إلى تدبيب على شــكل دوائر؛ حتى يعرف الأعمى أن هناك تغييراً في المسار!! لماذا كل هذا؟؟ لأنه أصبح نظاماً معمماً في كل اليابان! ولماذا أصبح نظاماً؟ لأنه في عام ١٩٧٣ حصلت حادثة أو وقع أعمى في أحد محطات القطار في سير القطار، فمات!! أكيد واحد فقط ولا أكثر؟؟ لا واحد فقط! ولماذا كل هذه الزحمة على واحد؟؟ لأن المواطن الياباني له قيمة ولأن الحكومة تعدّ مسؤوليتها حماية المواطن من أي أذى!! فقاموا بوضع قانون بوجوب وضع هذه الممرات الخاصة في كل شــوارع اليابان!!

صور للمسارات المخصصة للعمي في الشوارع اليابانية

ذكروني بالحس العُمَرِيِّ المرهف تجاه كل حي موجود تحت رعيته لدرجة قوله: (والله لو عثرت بغلة في العراق لكنت مسؤولاً عنها يوم القيامة: لِمَ لَمْ أمهد لها الطريق؟). وليس فقط الشوارع، ولكن المصاعد وأجهزة شراء تذاكر القطار، كلها مجهزة بلغة (برايل) حتى يعيش الأعمى باستقلالية دون

مساعدة أحد!! وفعلاً قمنا بتتبع امرأة عمياء، تمشي في الشارع وحدها وركبت القطار وخرجت ودخلت قطارات مختلفة ثلاث مرات وحدها!! نعم وحدها يا عالم!! لماذا؟؟ لأن كل الطرق مجهزة!! ولماذا كل الطرق مجهزة؟؟ لأن اليابانيون يعدّون الأعمى له الحق أن يحيا حياة كريمة مثل غيره.

وهنا أذكر أن الرسول صلى الله عليه وسلم كان يُؤمِّر عبدالله بن أم مكتوم على المدينة عند ذهابه للغزو بالرغم من أنه أعمى! وأذكر أن ابن أم مكتوم لما استأذنه ألا يحضر إلى الصلاة؛ لأن منزله بعيد، قال له: (فإن سمعت الأذان فأجب، ولو زحفاً أو قال: ولو حبواً).. لماذا؟ لأن الرسول صلى الله عليه وسلم يريده أن يندمج في المجتمع مثله مثل غيره، فكأنه قال له: ليس عذراً أنك أعمى ألا تأتي للصلاة، فمثلك مثل غيرك. وهذا في الحقيقة هو ما يريده ذوو الاحتياجات الخاصة! هم لا يريدون شفقة!! ولكن يريدون أن تتوافر لهم الفرص، وأن يعاملوا معاملة عادية مثل غيرهم من البشر.

Wake up

تعجبت عندما وجدت أن الحدائق العامة في اليابان ليس فيها

سـلات مهملات!! لماذا؟ لأن النظام أن كل ياباني مسؤول عن زبالته.

فاليابانيون يأتون للحدائق العامة، وكل واحد معه كيس خاص لمهملاته، يضع فيه الزبالة، ثم يذهب ويرميه في زبالة بيته!!

وزاد عجبي، عندما وجدت الحديقة العامة مليئـة بمئات الناس، ولكنها في قمة النظافة، لدرجة أننا جلسنا مع فريق التصوير، نبحث عن أي ورقة في الأرض، فوجدنا في كل الحديقة بطولها وعرضها منديلاً واحداً فقط على الأرض!!! (ربما كان لشخص أجنبي وليس يابانيّاً!!).

قارن بين هذا وبين حدائقنا العامة التي تتحول إلى مزبلة عند ذهاب الناس، ولا حول ولا قوة إلا بالله!!

سألت الياباني: لماذا هذه النظافة؟ فأجاب، قائلاً: هذه أخلاق الياباني، نحن شعب نظيف!! وسألت يابانيّاً آخر؟ فتعجب من سؤالي أصلاً واسـتغرب، ولم يعرف بماذا يجيب، وقال مستغربًا: ما هذا السؤال؟ وهل يعقل أصلا أن يرمي شخص وساخة في الأرض؟؟!!

قارن بين هذا وبين سؤال البعض: يا أخي لماذا ترمي على الأرض، فيجيب بكل وقاحة قائلاً: (وايش شغله الزبال؟؟ خليه يسوي شغله كويس!!) سبحان الله! قمة الغرور والاستهتار واحتقار خلق الله! لا؛ بل ويجيب وهو مفتخر بنفسه، وكأنه يثبت رجولته وشدته بهذه الإجابة!!

أتمنى أن نصل إلى درجة من النظافة يستغرب فيها المسلم سؤاله: لماذا لا ترمي الوساخة في الشارع؟ فيجيب وهو مستغرب بكل فخر: أنا مسلم، أنا إنسان نظيف، وهذه ليست من أخلاق المسلم.

يا أمة: «إنما بعثت لأتمم مكارم الأخلاق» اصحوا!! استيقظوا!!

Wake up!

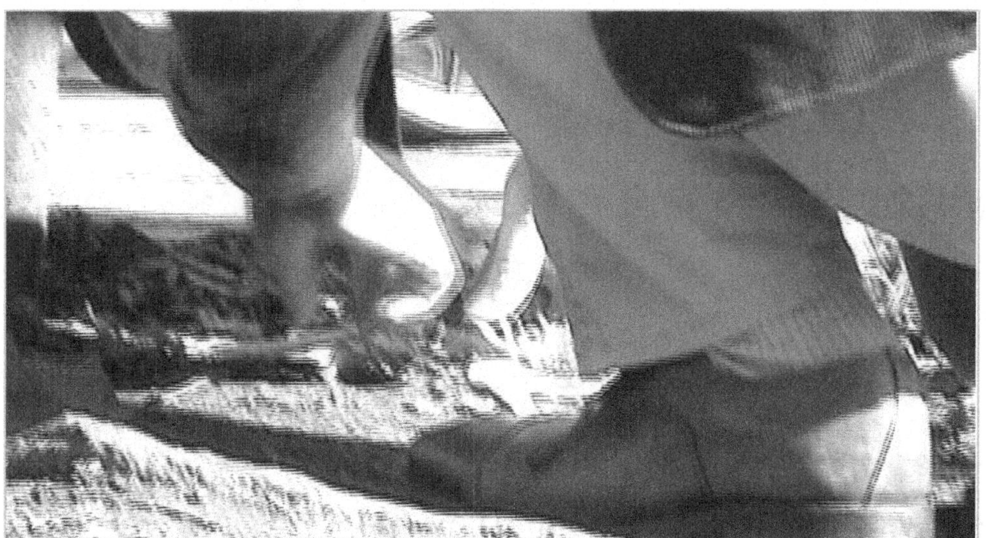

الحدائق العامة في اليابان قمة في النظافة؛ لأن كل شخص مسؤول عن نفسه، وقد صورنا شباباً سقطت منهم بطاطس، فنزل شاب والتقط ما سقط منه.

أدب الجوال عند الياباني

عيب في اليابان أن يرن هاتف الجوال في الأماكن المغلقة. هذا يعدّونه قلة ذوق، وإزعاجاً للآخرين؛ لذلك في كل القطارات والمطاعم توجد علامة: (ممنوع أن يرن الجوال).

كما تعلمون في الجوال هناك أوضاع مختلفة: (الهزاز، الصامت، السيارة... إلخ) هل تعرفون ما هي تسمية وضع «الصامت» في الجوال الياباني؟؟ التسمية هي: «manners mode» يعني بالعربي وضعية: «الأخلاق»!!! تعجبت من هذه التسمية، ثم قلت في نفسي: ليست غريبة على اليابانيين! فبالنسبة للياباني هو يضع الهاتف على الصامت؛ حتى لا

يزعج غيره، ومن ثم لأن هذه هي «الأخلاق» وعليه كان من الطبيعي لديهم تسمية هذا الوضع في الجوال: «الأخلاق»!

أتعجب كيف أن الثقافة لدى بعضنا هي العكس تماما! وأعني بالعكس يعني ١٨٠ درجة! عندنا يفتخر الشخص أنه يرفع صوته في الجوال، وكأنه يريد أن يسمع الناس. تجد الشاب يريد أن يسمع الناس أنه يكلم بنتاً، ورجل الأعمال يريد أن يسمع الناس أنه يتكلم بملايين، وآخر يريد أن يسمع الناس من منطلق الرجولة أنه ما شاء الله «رجل» وما يهمه إزعاج الآخرين؛ لأنه هو «المهم». والأعجب أنك إذا تحدثت إلى هذا الشخص، وقلت له: يا أخي، أخفضْ صوتك! انزعج وتأفف وقال: (وأنت إيش دخلك!!) سبحان الله إيش دخلني؟؟ دخلك أنك أزعجتني يا أخي!! لي حق أن لا أنزعج من صوتك العالي؟؟ (وإيش) ذنبي أنا أسمع مشكلاتك في العمل، ولا غرامياتك، ولا نكتك مع صديقك؟؟ يا أخي، أنت في مكان عام ولست في بيتك.

ليس المشكلة أن الناس تعلي صوتها، المشكلة الأكبر أنها لا تعدّ أن هناك شيئاً خطأ، وأنها لا تعطي أي اهتمام للآخرين، وأنها تغضب بكل كبر وغرور إذا أحد نصحها!!

وطبعاً لن أدخل هنا في موضوع الجوالات في المسجد؛ لأن هذا أمر حدث فيه ولا حرج وتكلم فيه كثير غيري! ولكن التعليق الوحيد لدي في هذا الأمر أن الياباني يحترم غيره في المطعم والقطار أكثر من احترام المصلي لغيره في المسجد. ولا تقولوا لي الناس تنسى؛ لأني لم أرَ أحداً ينسى

في القطارات في طوكيو!! وما ذنبي أنا أنه في كل صلاة يوجد خمسة ولا ستة دائما ينسون الجوالات على أعلى وأحلى نغم!!

حبيبي الرسول قال: «يا معشر من آمن بلسانه، ولم يؤمن بقلبه لا تؤذوا المسلمين» ثم أجد الياباني أشد حرصاً على تطبيق هذا الحديث، وهو لا يعرفه. أجد الياباني حريصاً لدرجة أنه يسمي وضع «الصامت» وضع «الأخلاق» بينما المسلم الذي يحفظ هذا الحديث يضرب به عرض الحائط، ويقول: (أنا كدة واللي مو عاجبه يضرب راسه في الحيط!) لا حول ولا قوة إلا بالله.

الخلطة السحرية

من أهم الأسـباب التي تجعل التجربة اليابانية مهمة للعرب خاصة، أن اليابان نموذج لبلد حافظ على تقاليده وعاداته وهويته، وفي الوقت نفسه تقدم وتطور وغزا العالم بإبداعاته.

الياباني إلى اليوم يأكل بالعصا التقليدية التي تجدونها في المطاعم اليابانية.

الياباني إلى اليوم يخلع حذاءه قبل دخول المنزل. حتى إنهم في المدارس كل الأولاد والمدرسين يخلعون الأحذية قبل دخول المدرسة ويلبسون أحذية خاصة في المدرسة حفاظاً على النظافة!! (نعم كل يوم وكل الطلاب من أولى ابتدائي وكل المدرسين بما فيهم المدير!) وإذا جاء زائر فتوجد شباشب مخصصة لهم؛ ليلبسوها قبل دخول المدرسة!!

الياباني إلى اليوم لديه احترام كبير جداً للأكبر سناً ولديه تقاليد في مناداة الناس لبعضهم باحترام والكل ينادي بعضاً بكلمة: (سان) بعد الاسم بمعنى (أستاذ) حتى المدرسين ينادون طلبة المدرسة بـ(فلان) (سان) تخيلوا أستاذاً ينادي ولداً في أولى ابتدائي، ويقول له يا أستاذ حسن، مثلاً!! قمة في الاحترام؛ حتى يخرج الطالب محترماً ولديه ثقة بنفسه!! وليس مثل: ما نسمع اليوم بعض المدرسين ينادي الطالب (يا واد) ولا (تعاله يلا)! حسبي الله ونعم الوكيل. كيف يكون الطالب محترماً وأنت تناديه: (يا واد)!!

الياباني إلى اليوم معتز جداً بلغته، فكل شيء في اليابان بالياباني، وتجدهم غالباً لا يجيدون اللغة الانجليزية، ولكنهم مع ذلك تفوقوا في العلم والتعلم والإبداع.

الياباني إلى اليوم ينحني عندما يراك؛ لأن هذا من الآداب والتقاليد اليابانية الأصيلة.

كل هذا الحفاظ على التقاليد، وفي الوقت نفسه قمة في التطور والتكنولوجيا في كل مظاهر الحياة اليومية.

هذه الخلطة اليابانية تقول للعالم العربي والإسلامي: إنه يمكن لكم أن تتقدموا، وتتطوروا دون التخلي عن مبادئكم وقيمكم ، وأن هذا لا يناقض ذاك.

منتجع الكلاب

حتـــى الكلب له حقوق، ويعامل معاملــة عجيبة. قيل لنا: إنه يوجد «dog spa» للكلاب، فذهبنا فوجدنا أنه ليس «spa» ولكنه «resort» أي منتجع!! منتجع للكلاب، فيه مكان للجري، وفيه ساونا، وفيه قص للشعر وسشوار وحمام سباحة!! ووجدت أن أصحابـــ الكلاب يقيمون نوادي للكلاب، حيث يأتي كلاب كل نادٍ في وقت محدد في الأســبوع، لكي تلعب مع بعض. وليس هذا فقط، ولكن المكان بالحجز وبالمواعيد!! يعنـــي ما ينفع أن تحضر كلبك من دون حجز!!

وأزيدكم من الشــعر بيتاً، ذهبنا إلى محلات كروت معايدة، فوجدنا المعتاد، معايدات للأم وللعرســان وللمولود ... إلخ. ثم وجدنا كروت معايدة عيد ميلاد لكلابـــ!! والظاهــر أنهم لاحظــوا أن الكلب لا يقرأ،

فعملوا الكارت، عندما يفتح يصدر صوت موسـيقى «happy birthday to you»!!! ووجدنا كارتاً آخر يصدر الموسيقى نفسـها، ولكن بصوت هوهوة كلب!!! سبحان الله!!

أعرف أن الناس سيقولون: اليابانيون زودوها، لكني أخالفهم الرأي. ليس هناك شيء اسـمه زودوها. الياباني إذا فعل شـيئاً فعله بإتقان (وإحسان) حتى فيما يتعلق بالكلاب! ولنتذكر أن الرسول صلى الله عليه وسلم قال: «إن الله كتب الإحسان على كل شيء، فإذا ذبحتم فأحسنوا الذبحة» يعني انظروا إلى حرص الرسول صلى الله عليه وسلم على الإتقان والإحسـان، حتى عند ذبح الحيوان، فما بالكم في أثناء حياته؟! طبعا لا أتكلم عن الحكم الفقهي لاقتناء الكلب، فليس هذا الهدف من الحديث، ولكن الهدف أن نتعلم ونستفيد في التعامل مع كل كائن حي، حيث قال الحبيب صلى الله عليه وسلم «في كل كبد رطبة أجر».

أنا عن نفسي سـأبقي مثل الكلب دون حرج، فالله ذكر مثالاً للكلب في أطهر الكتب وأقدسـها، حيث قال: ﴿وَكَلْبُهُم بَاسِطٌ ذِرَاعَيْهِ بِالْوَصِيدِ﴾.

والذي لا يعجبه أني ذكرت مثل الكلب فليغيِّر عنوان المقال إلى (منتجع القطط) أو (الأرانب) أو أي حيوان آخر لا يجد حرجاً في الحديث عنه!

تنس طاولة للعميان

ويستمر الاهتمام الشديد في فئة ذوي الاحتياجات الخاصة، حيث زرنا مركزاً ترفيهيّاً للعمي! مركز مجهز بالكامل بمسابح وممشى وملعب سلة وطائرة ومكان للقراءة، بالإضافة إلى (وهذه كانت المفاجأة لي) تنس طاولة! نعم تنس طاولة مخصصة للعميان

بكرة خاصة تصدر صوتاً عند الحركة. ثم اكتشفنا أن هناك بطولات لتنس الطاولة للعمي على مستوى اليابان.

الصاعقة كانت عندما لعبت مع امرأة عمياء، فكنت أنوي أن أغطي عيني قبل البدء، فقالت لي: أريدك أن تلعب بصورة عادية بعينين مفتوحتين!! فقلت: طيب، فبدأنا اللعب وطبعا أنا قلت: أتساهل معها في البداية، فوجدت أنها تلعب باحتراف شديد، لدرجة أني عندما بدأت ألعب بجدية وبكل ما عندي من مهارة غلبتني، نعم غلبتني وأنا بكامل قواي البصرية!!

تعجبت وقلت في نفسي: سـبحان الله! هذا الإنسان الذي خلقه الله لديه قدرات عجيبة إن وجد من ينميها. كان جواً سـعيداً في المركز مليئاً بالمرح وكل الوجوه مبتسمة وسعيدة برغم إصابتها بمصيبة فقد البصر! لكن المصيبة تصبح نعمة إذا وجدت من يرعاها ويسـتثمرها. فهؤلاء لم يجلسوا يندبون حظهم أو يشتمون القدر أو يتمسكنون، ولكنهم ثابروا وأصروا أن يحيوا حياة كريمة.

مركز متميز يعيد الحياة والحيوية والسرور للمكفوفين؛ ليعيشوا حياة اجتماعية ممتعة

اعذروني، ولكني وجدت هؤلاء العمي في اليابان يحيون حياة أكرم وأسعد من الكثير من المبصرين في بلاد أخرى!! فقط امشوا في شوارع بعض المدن العربية، وانظروا في وجوه الناس. ناس بكامل الصحة والعافية، ولكن الكآبة تملأ وجوههم!! والتذمر يملأ كلامهم، والحسد يملأ قلوبهم !! هل أعمم؟ لا، لست أعمم، ولكن اخرجوا، وانظروا بأنفسكم إلى الحال.

خواطر

الوقاية خير من العلاج

كنت نازلاً الدرج إلى المترو تحت الأرض، وفي وسط الدرج لاحظت فوق رأسي صبة منخفضة قليلاً. لم تلمس رأسي، ولكن لو أن هناك شخصاً أطول مني قليلاً، فيمكن لرأسه أن تضرب هذه الصبة العلوية، وهو نازل الدرج. إلى الآن والأمر عادي، ولكن غير العادي

أني وجدت أنهم يغطون هذه الزاوية، أو هذه الصبة بقطعة إسفنج طويلة، وفضلاً عن ذلك هناك علامة أن تنتبه لرأسك عند النزول!! تعجبت وقلت: سبحان الله! انظر إلى الحرص الشديد على ألا يؤذى الإنسان! والحرص على «رأس» الإنسان في طوكيو؛ لأن «رأسه» له قيمة!! شعور بقيمة الإنسان، ومن ثم يتبعه شعور بالمسؤولية تجاه الحفاظ على رأس هذا الإنسان. يعني أمر بسيط كهذا ما الذي يجعل المسؤولين عن هذه المنطقة من القطار يتعبون أنفسهم ويقومون بوضع هذا الإسفنج؟ ولكنها الثقافة اليابانية التي تحرص على الآخر، والتي تقوم بمبدأ: «الوقاية خير من العلاج» فأن نحمي رؤوس المارة خير لنا من أن يضربوا رؤوسهم، فننفق أموالاً، ونهدر أوقاتاً، لا داعي لها!!

ماأحلى الحياة عندما يشعر الإنسان أن له قيمة!

تظهر قيمة الإنسان واضحة في أماكن البناء في طوكيو، حيث يلاحظ الاهتمام الشديد بسلامة الموظفين ووقايتهم من أي أذى محتمل

كايزن/إحسان

كايزن - تعريف

من أكثر المبادئ التي أثرت في شخصياً في أثناء العمل على برنامج (خواطر ٥) المبدأ الياباني «كايزن» وهو مبدأ رائع غيَّر كثيراً من أسلوب حياتي.

كلمة «كايزن» معناها «التطوير المستمر» وهو مبدأ في العمل وفي المنزل أن تطور من حياتك أو من عملك تطويرات بسيطة، ولكن بشكل مستمر. وهذا يختلف تماماً عن مبدأ الـ «restructuring» الأمريكي في تطوير الشركات، حيث يتطلب مبالغ ضخمة، وتغييرات جذرية. كايزن يحتاج أن تغير أسلوب إدارتك لحياتك، أو عملك بالتدريج ومن دون تكلفة عالية.

الأساس في «كايزن» هو العمل على إزالة الـ «مودا» وهي كلمة يابانية معناها «الهدر».

وتقسم المودا إلى عدة أقسام، منها:

مودا التخزين:

كثيراً ما تمتلئ المخازن بكميات كبيرة من الأشـياء والمعدات التي لا تنتمي إلى النشـاط الرئيس للشركة، فتشغل مسـاحات كان من الممكن الاسـتفادة منها بطريقة أفضل. وكثيراً ما تمتلئ بيوتنا بالكثير من الأشـياء التي يمكن التخلص منها.

مودا الأخطاء:

تستدعي الأخطاء بذل مزيد من الجهد والوقت لتصحيحها، فالهدف من الكايزن تقليل الأخطاء في الأعمال المتكررة.

مودا الحركة:

في أثناء العمل، تُعدّ كل حركة زائدة يقوم بها العامل للبحث عن أدواته أو لجلب أحد الأجهزة، نوعاً من المودا (الهدر). تجنب هذه الحركات الزائدة بوضع الأشياء في الأماكن المخصصة لها، دون إهمال.

مودا الانتظار:

إذا تحتم على عدد من العاملين الانتظار حتى تصل المواد الخام، أو حتى ينتهي عامل آخر من عمله قبل البدء في عمل جديد، وذلك لعدم التنسيق بين المهام وتوقيتاتها، فإن هذا هو أحد أنواع المودا. عندما نضيع ساعات في انتظار طبيب أو حافلة أو انتظار موعد، فهذا هدر للوقت.

مودا النقل:

يمكننا أن نَعدّ أغلب عمليات النقل عملاً بلا طائل. فالوقت الذي يستغرقه المستند في الانتقال بين مكاتب الموظفين، أو الوقت الذي تستغرقه المواد الخام في الانتقال إلى أماكن التصنيع، هي كلها أوقات مهدرة وجهود ضائعة.

القضاء على الهدر (المودا) هو أحد أهم وأرخص وسائل تقليل التكاليف وزيادة الإنتاجية. كل ما عليك فعله هو النزول إلى «جمبا» موقع الأحداث، وملاحظة أماكن المودا وإزالة أسبابها.

أمثلة مختلفة:

هل فكرت في الطريق الذي تسلكه إلى العمل أو المدرسة؟ هل يوجد طريق أفضل يوفر عليك «مودا» الوقت؟

طريقة عملك للإفطار صباحاً. هل توجد طريقة توفر وقتاً أكثر؟

مكتبك: هل تضيع وقتاً في البحث عن أوراق؛ لأنها غير منظمة أو لأنها بعيدة عنك مما يضطرك كل مرة للقيام من المكتب؟ كيف يمكن أن تعيد تصميم مكتبك؛ ليوفر عليك وقتاً؟ لاحظ أن التوفير ليس بالضرورة أن يكون كبيراً، هل يمكن أن توفر ربع ساعة يوميّاً فقط؟ هذه تعادل ٤ أيام كاملة إضافية في السنة. مرة أخرى فكرة الكايزن هي تغييرات بسيطة، ولكن دائمة.

أسلوب تعاملك مع الإيميل، هل يمكن أن تقوم به بشكل أسرع يوفر عليك وقت؟

سأفرد القسم القادم كله لأفكار عملية في حياتنا اليومية، يمكن بها أن نوفر الكثير من (المودا) الهدر.

الإحسان

مفهوم أوسع للكلمة

أعتقد أن كلمة إحســان من أقل الكلمات المفهومة بشكل كامل. فعندما أقول: «إحسان» أو «محسنين» ماذا يأتي على بالك؟ أعتقد أن الأغلبية ستقول: محسن بمعنى متصدق، والإحسان معناه العطف على الآخر.

قــد يكون المعنى أعلاه صحيحاً، ولكنه معنى ضيق جدّاً لهذه الكلمة الرائعة التي تُعدّ أعلى درجة يمكن أن يصل إليها الإنسان، فهي مقام أعلى من الإيمان.

والرســول صلى الله عليه وسلم في الحديث المشهور، عندما سأله جبريل عليه السلام، وقد أتى إليه في صورة رجل من البادية: (ما الإسلام؟... ما الإيمان؟... ما الإحسان؟ فقال: الإحسان أن تعبد الله كأنك تراه، فإن لم تكن تراه فإنه يراك.

أولاً المقصود بكلمة العبادة في الإسلام لا يقتصر على الصلاة والصوم، ولكن على كل عمل يقوم به الإنسـان، وينوي به عمارة الأرض، فيصبح المقصود في التعريف النبوي للإحسان: أن تقوم بأي عمل بأفضل (أحسن) طريقة ممكنة، وأن تقوم به وأنت مستشـعر أن الله يراك، وأنت تعمله. بهذا المفهوم توسع كلمة الإحسان إلى معنى الإتقان، والمحسنون هم الذين يتقنون أعمالهم. أي يقومون بها على أكمل درجة، وبأفضل طريقة ممكنة. ومن ثم:

عندما تصف سيارتك تضعها بإحسان (أي بأحسن طريقة ممكنة).

عندما تضع حذاء خارج المسجد تضعه بأحسن طريقة في الأرفف المخصصة، لتكون من المحسنين.

عندما تتوضأ تحرص أن تترك المكان نظيفاً للذي بعدك، ولا تسرف في الماء؛ لتكون من المحسنين.

عندما تقود سيارتك في الشوارع، تقود بأحسن طريقة ولا تؤذي غيرك؛ لتكون من المحسنين.

عندما تذهب إلى عملك تذهب في الموعد؛ لتكون من المحسنين.

وهكذا ترى الإحسان في كل مجالات حياتك.

لذلك قال الرسـول صلى الله عليه وسلم الحديث الرائع الذي سأكرره كثيراً في كلامي وكتاباتي؛ حتى يصبح ثقافة وهو: (إن الله كتب الإحسان على

كل شيء فإذا ذبحتم فأحسنوا الذبحة) أي أن الله كتب على كل عمل يقوم به الإنسان أن يقوم به على أحسن وجه، والمقصود كل عمل مهما ظهر حقيراً، حتى عند ذبح الحيوان، فعليك أن تقوم بذلك على أحسن وجه، فتحدّ الشفرة ولا تقوم بذلك أمام الحيوان؛ حتى لا يتأذى. مرّ النبي صلى الله عليه وسلم برجل واضع رجله على صفحة شاة، وهو يحدّ شفرته، وهي تلحظه، فقال: «أفلا قبل هذا؟ تريد أن تميتها موتتين؟» حتى إذا حلبت الشاة تحسن وتقلم أظافرك قبل الحلب، فالرسول صلى الله عليه وسلم يقول: (ومرهم أن يقلموا أظافرهم ، فلا يخدشوا ضروع المواشي إذا حلبوا)! نعم لهذه الدرجة يكون الإحسان في صغائر الأمور، وبأدق التفاصيل.

﴿وَسَنَزِيدُ الْمُحْسِنِينَ (٥٨)﴾ [البقرة: ٥٨].

﴿بَلَى مَنْ أَسْلَمَ وَجْهَهُ لِلَّهِ وَهُوَ مُحْسِنٌ فَلَهُ أَجْرُهُ عِندَ رَبِّهِ وَلاَ خَوْفٌ عَلَيْهِمْ وَلاَ هُمْ يَحْزَنُونَ (١١٢)﴾ [البقرة: ١١٢].

﴿وَأَحْسِنُوَاْ إِنَّ اللّهَ يُحِبُّ الْمُحْسِنِينَ(١٩٥)﴾[البقرة: ١٩٥].

﴿إِنَّ رَحْمَتَ اللّهِ قَرِيبٌ مِّنَ الْمُحْسِنِينَ (٥٦)﴾ [الأعراف: ٥٦].

﴿إِنَّ اللّهَ لاَ يُضِيعُ أَجْرَ الْمُحْسِنِينَ(١٢٠)﴾ [التوبة: ١٢٠].

﴿إِنَّ اللّهَ مَعَ الَّذِينَ اتَّقَواْ وَّالَّذِينَ هُم مُّحْسِنُون(١٢٨)﴾ [النحل: ١٢٨].

بعد تطوير هذا المفهوم أصبح لقراءة هذه الآيات مفهوم آخر في عقلي وقلبي، وأصبحت أجد لذة أكبر، عندما أتقن أي عمل أقوم به؛ لأني أستشعر انضمامي لفئة المحسنين المذكورة في هذه الآيات.

كايزن - الأنظمة

الفكرة الأساسية من الكايزن هي وضع «أنظمة». أنظمة بسيطة ولكنها موحدة، بحيث ينجز العمل حسب النظام بأقل وقت وتكلفة ونسبة خطأ ممكنة.

لذلك إذا سألت أحدكم: هل تستطيع أن تقوم بعمل هامبرجر أفضل من ماكدونالدز؟ أغلبكم سيقول: أكيد نعم!! ولكن السؤال الأهم: من منكم يستطيع ضمان الجودة نفسها والشكل نفسه والسرعة نفسها والطعم نفسه في عشرات آلاف المحلات حول العالم؟ وهنا يكمن سر ماكدونالدز وستاربكس وغيرهما من العلامات الأمريكية. السر ليس في جودة المنتج العالية، ولكن في الحفاظ على جودة المنتج نفسه، حتى لو كانت هذه الجودة متوسطة. لأن هذه الاستمرارية والدقة في العمل هي التي تقلل من (المودا) الهدر، ومن الأخطاء، ومن عدم رضا

الزبائن. فكل الداخلين على ماكدونالدز سـواء في السعودية أو أمريكا أو نيجيريا أو الصين، الكل يعرف الطعم الذي سـيحصل عليه، ويعرف المدة التي ستستغرق للحصول على المنتج.

طبعـا ليس المطلوب أن تنظم الأمور لدى آلاف الناس. المطلوب أن تنظم نفسك أولاً! أن تنظر إلى كل المهام التي تقوم بها في حياتك، وتسأل نفسك دائماً: كيف يمكن أن أقوم بهذه المهمة بشكل أفضل؟؟ حتى إنهم في كايزن يذهبون إلى أبعد من ذلك، ويقولون لك: هَبْ نفسك في أي مهمة تقوم بها حالياً أنك تقوم بها بأسـوأ طريقة ممكنة!! هذا التفكير سيجعلك دائما ترى الثغرات، وترى طرقاً جديدة لتطوير الأمور بدلا من مبدأ: (ما دام ماشـية ليش أغيرها!) مبدأ الكايزن: (ما دام ماشية كيف ممكن أخليها تمشي أسرع وأفضل وأحسن).

وهذا هو مبدأ الإحسـان النبوي: (إن الله كتب الإحسان على كل شيء) أي كتب على البشر أن يحسـنوا في كل شيء، وكل أمر يقومون به. ويحسنوا أي: يقوموا بالأمر بأفضل طريقة ممكنة لديهم.

كايزن - مشاركة الجميع

كايزن مبدأ يشارك فيه الجميع، في المؤسسة كل الموظفين كبيرهم وصغيرهم، في المنزل كل أفراد الأسرة. لذلك على المسؤول عن بيئة معينة أن يضع آلية لتسهيل وصول الاقتراحات من الأفراد المختلفين للجهة المسؤولة؛ لكي تتم دراستها وتنفيذها. هناك عدة طرق لعمل ذلك:

صندوق اقتراحات يكتب فيه الأشخاص أي فكرة جديدة لديهم مهما كانت بسيطة.

اجتماع أسبوعي يقوم فيه الأشخاص بطرح اقتراحاتهم. (في المنزل اجتماع أسري يوم الجمعة يكون جميلاً).

مجموعة مراسلات إيميلات، يتداولها الأعضاء بأفكار مختلفة بشكل مستمر، ويشركون بعضهم في أي تطوير قاموا بتنفيذه وما النتائج المتحققة.

المهم أن يستمر تدفق الأفكار دون انقطاع، وأن تكون أفكار بسيطة وسهلة التنفيذ، وأن يشترك الجميع في العملية.

مرة أخرى: كايزن ← تطويرات بسيطة، ولكنها دائمة.

أحب الأعمال إلى الله أدومها، وإن قلّ. صدق رسول الله صلى الله عليه وسلم.

كايزن - الإيميل

كلنا نستخدم الإيميل بشكل يومي. أمور بسيطة قد تجعل عملك على الإيميل أسرع وأدق.

استخدم مايكروسوفت آوت لوك لتنزيل الإيميلات. ستأخذ دقائق لإعداده، ولكن بعد الإعداد سيصبح استقبال الإيميلات وإرسالها بضغطة زر واحدة، ولن تحتاج في كل مرة الدخول على السيرفر وعمل «لوج إن». كما أن التحرك عبر الإيميلات أسرع بكثير من التنقل من السيرفر.

استخدم «Google search» للبحث عن الإيميلات التي تريدها. وبحث جوجل أسرع بكثير من بحث آوت لوك، حتى في وسط آوت

لـوك، بإمكانك تنزيله من الرابـط .HYPERLINK «http://desktop ./google.com/» http://desktop.google.com

في حال استخدام بحث جوجل لن تحتاج فرز إيميلات في ملفات مختلفة مما يأخذ وقتاً وحجماً على الشاشة، اكتفِ بملف واحد اسمه "all" ضع فيه كل الإيميلات، وعندما تريد إيميلاً معيناً استخدم «Google search» وسيظهر لك الإيميل في ثوانٍ.

اجعل في الـ "inbox" فقط الإيميلات التي تحتاج الرد عليها، وكل الإيميلات الأخرى ضعها في ملف "all".

أحيانا توجد إيميلات حجمها كبير تبطئ عملية تنزيل الإيميلات. هنا يقترح استخدام خاصية (download header only) في آوت لوك، وهي تسمح لك أن تحدد أقصى حجم لتنزيل الإيميلات، أقترح أن تضع (١ MB) بحيث أي إيميل أكبر من ذلك سيظهر لك كعنوان فقط، ثم يترك الخيار لك لاحقاً أن تنزله على راحتك أو أن تمسحه دون تنزيل، ومن ثم لا تضيع وقتك في تنزيل إيميلات كبيرة الحجم لا تريدها.

راجع إيميلاتك مرة في اليوم فقط لا غير، وحدد وقتاً معيناً لذلك. لا أعرف كيف أشرح الفائدة من ذلك، ولكن «الهوس» الحاصل عند بعضهم أن يراجع إيميلاته كل ساعة يضيع وقتك ويشتت انتباهك، ويجعلك لا تخطط ليومك بشكل سليم ، ولكن يكون يومك عبارة عن مجرد تفاعل مع الإيميلات التي تأتيك. الفوائد أكثر بكثير، أقترح أن

يجرب هذا الأمر مدة أسبوع فقط؛ لتشعر بنتائجه بنفسك، فإن لم تجد فائدة، فعد إلى عادتك القديمة.

Gmail هو أفضـــل إيميل حاليا موجود في الإنترنت، وهو مجاني، وله خصائص عديدة غير موجودة في الـ Hotmail وغيره من الإيميلات.

إن وفرت نصف ساعة يوميّاً في استخدام الإنترنت، فهذا أسبوع كامل في السنة!

١

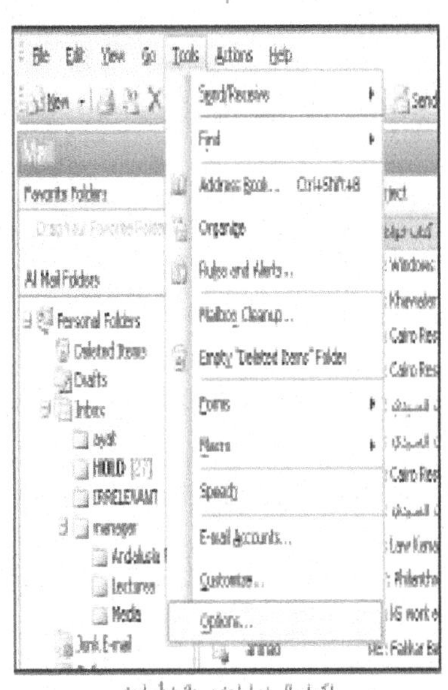

اذهب إلى (خيارات) في قائمة (أدوات)

٢

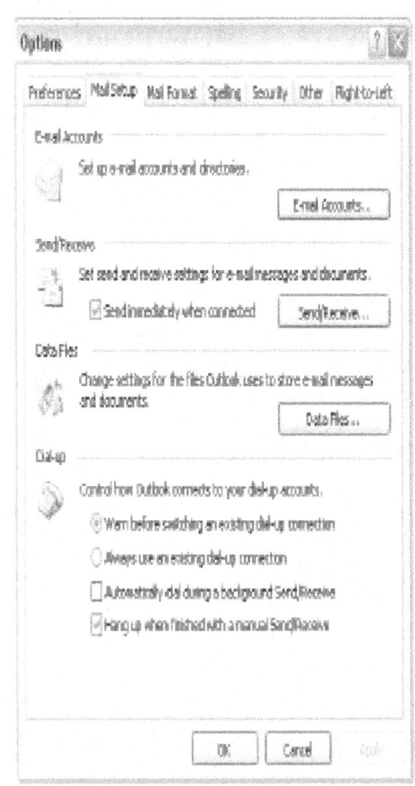

في قائمة (إعداد البريد) اضغط على زر (إرسال/تلقي)

٣

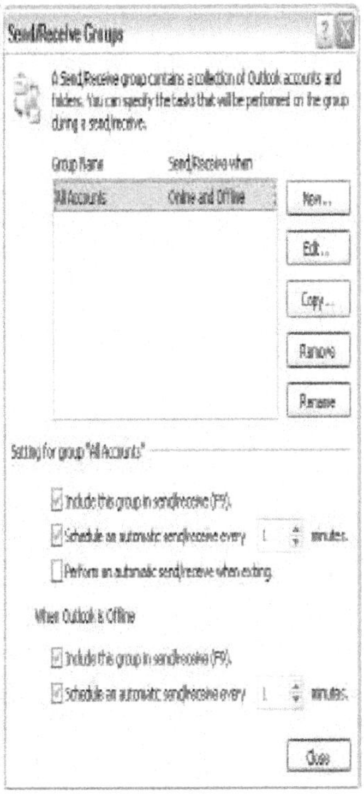

الضغط على (تحرير)

٤

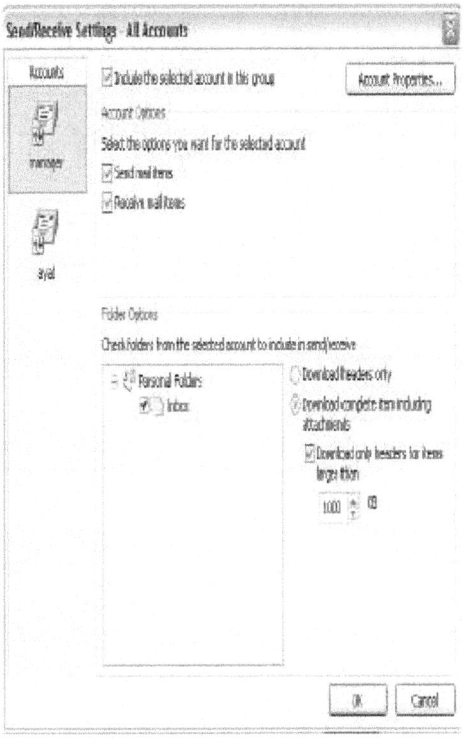

قم باختيار خاصية (تحميل الرؤوس فقط للعناصر أكبر من) ثم اختر الحجم المناسب

كايزن - المكتب

المكتب المزدحم لا يساعد على العمل، ويصد النفس!! والعكس صحيح، فالمكتب المنظم يشرح الصدر، ويجعل إنتاجيتك أفضل.

تعامل مع أي ورق يأتيك على مكتبك بشـدة وصرامة بناء على أحد التاءات الآتية:

ت:	تنفيذ	←	للأوراق التي ستعمل عليها فوراً+
ت:	تقطيع	←	للأوراق التي قرأتها، ولن تحتاجها
ت:	تفويض	←	للأوراق التي سينفذها غيرك، فعليك إعطاءها لهم مباشرة وعدم وضعها على مكتبك
ت:	تخزين مؤقت	←	للأوراق التي ستعمل عليها خلال أسبوع توضع على أرفف خاصة على مكتبك
ت:	تخزين طويل	←	للأوراق التي انتهيت منها ويجب وضعها في الملفات للتخزين

ومن ثم فالمفترض ألا يكون على مكتبك سوى الورقة التي تعمل عليها حاليًا.

النظام أعلاه بسيط، لكن أغلب الناس لا تطبقه ومن ثم فأغلب المكاتب مكدسة بالأوراق مما يهدر الوقت في البحث عن الأوراق، ويزيد احتمال ضياع الأوراق، بالإضافة إلى أن الوضع لا يفتح النفس للعمل. وفي كل هذا (مودا) هدر يمكن توفيره.

كايزن - الوقت

مبدأ التفويض من أهم الأمور التي توفر عليك الوقت. أن تعطي بعض المهام التي تعملها حاليًا لغيرك، ومن ثم تفرغ وقتك لما هو أهم.

لدي هواية كل ستة أشهر أن أجلس، وأكتب كل المهام التي أقوم بها في حياتي، ثم أختار مهمة أو مهمتين للتفويض، وأختار الشخص المناسب لتفويض المهام إليه. وأشعر بسعادة عندما أرى أن وقتي قد تم تفريغه لعمل أمور أخرى.

القاعدة الأساسية أن أي مهمة يمكن أن يقوم بها غيرك بنفس المستوى، فعليك تفويضها.

قواعد التفويض:

اختر المهمة.

اختر الشخص المناسب للتفويض.

درب الشخص على المهمة.

اختبره على عمل المهمة بالمستوى المطلوب.

ضع نظاماً للمتابعة.

من أبسط الأمور التي يمكن تفويضها للخادمة أن تشتري حاجات المنزل. بعضهم يقول: إن الخادمة غير مؤهلة، وأنا أقول: إن الخادمة مؤهلة إذا دُرِّبَتْ عدة أسابيع.

أنا قمت بتفويض كافة أمور المنزل المالية إلى زوجتي رولا، لدرجة أن أصبحت آخذ مصروفي الشهري منها!! (وهو ما يقوم به الرجل الياباني أيضاً). وبذلك تفرغت أنا لأمور التخطيط المالي للأسرة على المدى البعيد.

أيضاً أقترح تفويض بعض المهام المنزلية للأولاد، فهذا يعلمهم تحمل المسؤولية منذ عمر مبكر. شراء المقاضي من التموينات، تنظيف السيارات، سقي الزرع، تنظيف بعض أجزاء المنزل، كلها أمور يمكن تفويضها للأولاد، ومن سن مبكرة.

اجلس مع نفسك، واكتب مهمة واحدة تنوي تفويضها هذا الأسبوع.

كايزن - المحفظة

بعد أن بدأت أنظر لكل ما هو حولي بشكل مختلف بسبب مبدأ الكايزن ومبدأ (المودا) أو الهدر لاحظت أن محفظتي ممتلئة وثقيلة ومزعجة. فقمت بتفريغها بالكامل، فوجدت كل أنواع الأوراق والكروت القديمة التي لم أستخدمها منذ سنين!! أتلفت كل ما هو غير مفيد، وخزنت في المنزل كل ما أحتاجه، لكن لا أستخدمه بشكل يومي، وأبقيت في المحفظة فقط النقود ورخصة القيادة وبطاقة الأحوال وكارت (فيزا) واحداً فقط، ومن ثم انخفض حجم المحفظة ووزنها إلى النصف، وأصبح حملها أريح للأعصاب!! أنا متأكد إذا نظرت إلى محفظتك الآن فستجد أن فيها الكثير من الأمور التي ليس لها داعٍ. تخلص منها، وجرب شعور الراحة بأنك تخلصت من هدر ليس له داعٍ، كنت تحمله يوميّاً معك دون أن تشعر.

وبمناسبة كارت «الفيزا» أنصح وبشدة ألا تستخدم أكثر من كارت واحد! فكثرة الكروت تغريك بالشراء وتكثر من الفواتير الشهرية التي تأتيك، ومن ثم تكثر من هدر الوقت في مراجعة هذه الفواتير ومطابقتها؛ لذا جرب أن تعيش بكارت واحد، واحرص أن يستخدم بطريقة السحب الفوري، وليس بطريقة (الدين) حتى لا تدفع تكاليف إضافية، ليس لها داعٍ وحتى لا تشتري فوق طاقتك. كل مصائب الدول والأشخاص المالية سببها أن الناس تعيش فوق طاقتها، وتشتري أكثر مما تملك، ومن ثم تعيش على الدين، ولا يوجد أسوأ من أن تنام وعليك دين لأحد!! هذا بالإضافة إلى تكاليف الفوائد التي سترهق وضعك المالي بشكل أكبر.

كايزن - الصحة

كيف يعني؟ حتى الصحة فيها كايزن؟ نعم أكيد.

ما تفعله اليوم في جسدك قد يوفر عليك الكثير من (المودا) الهدر في المال والوقت في المستقبل.

قم بتنظيف أسنانك عند الدكتور كل ستة أشهر إلى سنة. سيوفر ذلك عليك تكاليف الحشو وآلامه والإصلاحات في حال تسوس أسنانك في المستقبل بسبب عدم تنظيفها بشكل دوري.

الرياضة ثلاثة أيام في الأسبوع على الأقل ولمدة نصف ساعة على الأقل ستوفر عليك الكثير والكثير من هدر الأوقات والأموال في المستقبل بسبب مشكلات القلب والعظام والمفاصل والظهر التي تنتج بسبب عدم ممارسة الرياضة بشكل دوري.

لا تدخن!!! فعدم التدخين سيوفر عليك (مودا) المال و(مودا) سنين قد تعاني فيها من مرض السرطان والعياذ بالله! كل هذا لماذا؟ لكي تثبت أنك رجل أمام أصدقائك؟ أم لأنك (طفشان) ولا تقدر أن تسلي نفسك إلا بسيجارة؟! وهل هذا يستحق أن تعيش بقية حياتك في الـ(كيموثيرابي) لعلاج مرض السرطان الذي ليس له علاج أصلاً؟

(بلاش فجعنة في الأكل!!) فذلك يؤدي إلى انسداد الشرايين وآلام الظهر والسكتات القلبية والذبحات الصدرية، كلها لها جذور في طبيعة الأكل وفي «الكرش» الممدود سنتيمترات عديدة أمام بطنك!! تخيلوا لم نجد سميناً واحداً في شوارع اليابان!! كلهم نحاف ونسبة السمنة لديهم ٣٪ مقارنة بـ ٣٠ و ٤٠ و ٥٠٪ في بعض البلدان العربية. من الأسباب الأساسية لذلك الأكل. أكلهم صحي، فالكميات قليلة (ثلث لأكلك وثلث لشرابك وثلث لنفسك) والأكل نفسه صحي، الرز مسلوق من دون زيت وشوربة وسمك. اللحم قليل جدّاً والدهون في الأكل لا تكاد تذكر. ومن ثم؛ فهم شعب صحي ونشيط وحيوي.

كان فريق تصوير (خواطر) منقسم إلى أفراد يابانيين وأفراد عرب، ووالله تفاجأ اليابانيون عند الغداء من (الفجعنة) عند الفريق العربي من كميات الأكل الكبيرة التي يطلبونها ومن كمية الأكل التي تترك في الصحون، في مقابل أكلهم هم البسيط والقليل! لدرجة أن المنسق الياباني أصبح يحمل هَمَّ اختيار مكان الأكل اليومي؛ خوفاً من ألا يرضي الفريق العربي! فلم يتوقع قبل مجيء فريقنا أن الأكل مهم لهذه الدرجة بالنسبة للفريق!

كايزن - الملابس

دولابك وغرفة ملابسك مزدحمة؟ وشكلها يخوف؟ ولم يعد لديك مكان لتخزين ملابسك؟

اقتراح:

تخلص من أي ملابس لم تلبسها آخر سنتين! أي قميص، فستان، شراب، بنطلون، جاكت، حذاء لم تلبسه أكثر من سنتين، فأنت في الأغلب لا تحتاجه!

كيف تتخلص منه؟

تبرع به لجمعية خيرية، فهناك جمعيات خيرية، تأخذ تبرعات عينية مثل (المستودع الخيري) في السعودية مثلاً وشبيهاتها في باقي دول العالم.

قم بعمل «garage sale» كما يتم في أمريكا، وقم ببيع القطع بسعر مخفض عن طريق عرض مفتوح أو لأصدقائك.

بقاء ملابس وأحذية في دولابك مدة سنتين هو هدر وإضاعة لفائدة هذه المنتجات، وكان من الممكن أن يستفيد منها غيرك. فالحذاء الذي لديك قام مئات البشر بتصميمه وتصنيعه وشحنه ثم بيعه؛ حتى يصل إليك، فبقاؤه من دون استخدام سنين هو هدر لطاقات البشر الذين صنعوه. فإما أن تستخدمه أو تعطيه لمن يمكن أن ينتفع به!

وستشعر براحة كبيرة عندما ترى خزينة ملابسك غير مزدحمة ومنظمة، شعور قد تكونون لاحظتموه عندما تقومون بـ (حفلة) ترتيب للبيت أو للغرفة. السر أن يكون هذا الترتيب مستمرًا وليس (حفلة) كل عشر سنوات!!

خواطر

كايزن - التخطيط المالي

إذا سألتك: قَسِّم لي مصاريفك الشهرية، وكم نسبة كل مصروف من إجمالي المصاريف؟ هل ستكون لديك إجابة سريعة؟ هل تعرف كم تصرف على البنزين شهريّاً؟ هل تعرفين كم تنفقين على الملابس والمكياج؟

أقترح شراء برنامج «Quicken» لتدوين المصاريف اليومية. فهو برنامج سهل جدّاً وفاعل جدّاً. تدخل فيه مصاريفك، ثم تستطيع أن تستخرج تقارير تحليلية لمصاريفك ودخلك وأرصدة البنك والبطاقات الائتمانية لديك. بعد التحليل غالباً ستتفاجأ بالنتائج! وغالبا سيصبح لديك فهم وقدرة أكبر بكثير على التخطيط للمستقبل.

كانت المفاجأة لي شخصيّاً العام الماضي أن الأولاد (يوسف وإبراهيم) يشكلان تقريبا ٦٠ إلى ٧٠٪ من إجمالي مصاريف الأسرة كاملة!! كما أنه كان من المفيد جدّاً لي أن أعرف، ولأول مرة في حياتي

كم هي مصاريفي السنوية لعام ٢٠٠٨ كاملة. وبرنامج «Quicken» يسهل وضع خطة مالية كاملة، فقمت أنا ورولا (زوجتي) بوضع خطة مالية كاملة لعام ٢٠٠٩ ونقوم بمراجعتها كل شهر، مما سهل علينا كثيراً التخطيط. وسهل علي عملية الاستثمار ووضع الفائض المالي في استثمارات مختلفة للمستقبل.

هذا الأمر سيوفر عليك الكثير من الهدر (المودا) عندما تكتشف صرفك وتضع خططاً للتوفير، كما أن البرنامج سهل للغاية، وسيوفر عليك الكثير من هدر الوقت؛ لأنه يستخرج التقارير بشكل تلقائي.

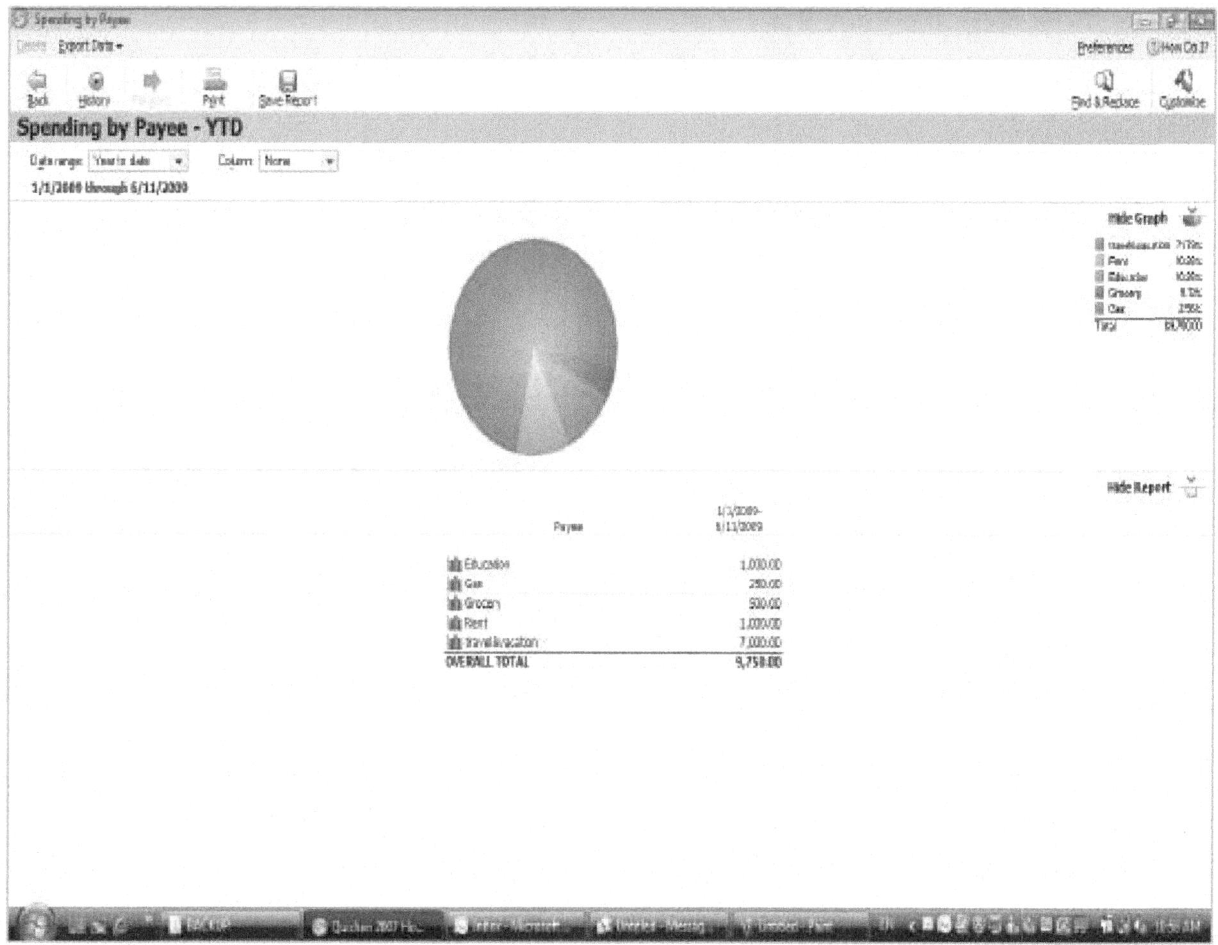

عينة للتقارير التي تصدر من البرنامج؛ لتساعدك على تحليل مصاريفك

كايزن - التموينات

لتوفير الوقت بشكل ملحوظ في عملية التسوق ولتجنب نسيان شيء أقترح الآتي:

عمل قائمة مطبوعة على الكمبيوتر فيها كل الأصناف التي يتم شراؤها شهريّاً ووضع خانة خالية بجوار كل صف.

ترتيب الأصناف حسب ترتيب مكانها في التموينات التي تذهب إليها عادة؛ حتى تقوم بشراء الأصناف بشكل أسرع وبتسلسل الممرات الموجودة في التموينات.

قبل الذهاب إلى التموينات تطبع القائمة، وتضع الكميات المطلوبة من كل صنف.

في حال أنك فوَّضت هذه المهمة للخادمة، أو لأحد أولادك، فهذه القائمة ستسهل عليهم العمل كثيراً. كل ما عليك هو أن تعبئها وتعطيها لهم؛ ليقوموا بشراء المطلوب. ستبذل جهدًا ووقتًا في البداية من أجل ترتيب القائمة، ولكن النتيجة توفير الكثير من الوقت والهدر في البحث عن الأصناف أو نسيان صنف، ثم الاضطرار أن تذهب مرة أخرى إلى التموينات. كما أن القائمة المكتوبة تقلل من احتمال سوء الفهم من قبل الخادمة، أو الشخص الذي ستفوض هذه المهمة له. (كثيراً ما يحدث، عندما ينسى السائق صنفًا معينًا مثلاً، فإن الزوجة تغضب وتقول: أنا فهمتك!! كم مرة أقول لك وتنسى؟!!) مشكلة كهذه تعالج ببساطة أن تكون هناك قائمة مكتوبة.

الصنف	رقم الممر	الكمية
خبز	1	3
معجنات	1	1
حليب	4	4
جبنة	4	2
زبدة	4	2
ماء	5	3
كلينكس	7	2
صابون	8	1

كايزن - التربية

هـل يوجد توتر دائم مع الأولاد بخصوص أمور الواجبات المنزلية، أو أن ينهوا أكلهم في الصحون؟

قم بوضع نظام واضح؛ لتوفر على نفسك وجع الرأس الدائم.

لاحظت أن هذه المشـكلة مستمرة بين رولا زوجتي ويوسف. فقمنا بعمل النظام الآتي:

يجب على يوسف إنهاء واجباته يوميّاً قبل الساعة السادسة مساء.

في حال قيامه بذلك خلال الأسبوع يحصل على مبلغ مالي كل خميس.

في حال عدم قيامه بذلك أكثر من مرة في الأسبوع، فإنه يمنع من مشاهدة التلفزيون خلال عطلة الأسبوع.

تفاجأت رولا أنها أول ما وضعت النظام التزم يوسف به تمامًا (وحده) وزال كل التوتر، ولم تعد هناك أي مشكلات حول هذا الموضوع!!

المشكلة نفسها كانت عندي مع إبراهيم ، فهو دائمًا يبقي طعامًا في صحنه. ففي يوم جلست معه وأفهمته (بحزم ووضوح) أن هذه نعمة يجب علينا أن نحافظ عليها، وقمنا بوضع نظام.

أن يضع في صحنه الكمية التي يختارها هو (ولا تجبره أمه على كمية أو صنف هو لا يريده).

طالما أنه هو الذي اختار الكمية، فيمنع أن يترك أي أكل في صحنه.

في حال ترك أكل في صحنه يمنع من مشاهدة التلفزيون مدة خمسة أيام.

تفاجأت أيضًا أننا منذ أن وضعنا النظام التزم إبراهيم (وكان عمره خمس سنوات) بالأمر وحده وأصبح يفتخر يوميًا أنه ينهي صحنه ودائمًا يأتيني؛ ليريني أنه أنهى صحنه!!

الأولاد قادرون على إدارة حياتهم إذا أُعطوا فرصة، ثم وضع نظام واضح يفهمونه، ثم الالتزام بتطبيق هذا النظام.

قد يجد بعضهم عدم ارتياح في وضع مبلغ مالي، لذلك على كل أسرة أن تستخدم الأساليب التي تناسبها لتحفز الطفل أن يطبق النظام.

كايزن - الكتابة

كثير من المكاتب تجدها مزدحمة بكل أنواع الأقلام من شتى الألوان مما يشوه من منظر المكتب، وهو هدر «مودا» للمساحة أيضًا.

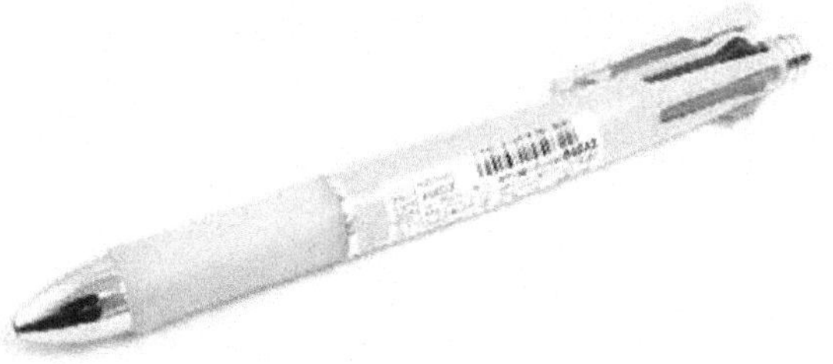

على أيامي كان يوجد قلم بألوان متعددة. اليوم طوروا القلم وأصبح بأربعة ألوان (أسود + أزرق + أخضر + أحمر) بالإضافة إلى قلم رصاص ومحاية! ذلك كله في القلم نفسه. قمت بتعميم هذا القلم على المكتب لدينا، فأصبح على كل مكتب قلم واحد فقط.

المنظر أجمل والمساحة المهدرة أقل وسرعة التنقل بين الألوان أكبر دون الحاجة إلى تغيير القلم؛ مما يقلل من هدر (مودا) الوقت!

قد تقول: هذا أمر بسيط وتافه. أذكر: كايزن هي في الأمور البسيطة وهذا هو السر. فلا تحقرن من التطوير شيئًا، فكله يصب في مصلحتك والأمور الصغيرة تجتمع؛ لتجعل حياتك أفضل وأحسن.

عمل/انضباط

الذنوب المميتة

في الثقافة النصرانية يوجد لديهم إيمان بما يسمى بـ «the 7 deadly sins» أو «الذنوب السبعة المميتة» وهي:

(١) الشهوة الجنسية (٢) الشره (في الأكل والشرب) (٣) الحسد (٤) الغضب (٥) الطمع (٦) الكبر (٧) الكسل!!

أغلب هذه الذنوب معروفة ومعروف أنها سيئة. ولكن ما لفت نظري في القائمة هو ذنب «الكســل»! نعم فهم يعدون الكسل ذنبًا «مميتًا» يقتل بناء الأمم والحضارات ويقتل الهدف الأسمى من وجود الإنسان على الأرض، وهو العمل وعمارة الدنيا؛ لأن الله استخلف البشر فيها.

لذلك لا نســتغربـ عندما نجد أنـ الأمة اليابانية متفوقة؛ لأنها أمة مستيقظة وشعبـ نشيط، يعمل بجد واجتهاد. ولذلـك أيضًا لا

نستغرب أن البلاد الإسلامية دول عالم ثالث أو رابع، لأنها نائمة تعاني من مرض الكسل!

الدولة في اليابان تعاني من مشكلة أن الشعب الياباني يعمل إلى حد الإرهاق والإجهاد، ولذلك فهم يحثون الشعب أن يأخذ إجازة!! تخيلوا دولة تقول لشعبها: أنتم تشتغلون كثيراً ارتاحوا بعضًا من الوقت!! بينما نحن نعاني من الشعوب العربية التي تبحث عن الإجازات بحثًا، ونعاني من الموظف الذي يدفع ٥٠ أو ١٠٠ ريال؛ ليحضر شهادة مرضية مزورة؛ لكي يتهرب من العمل!! ونعاني من كثرة السهر والذهاب إلى المدارس والأعمال بعين مفتوحة والأخرى مغلقة من شدة النعاس!

الإنسان بطبعه يبحث عن المتعة، وهذا في حد ذاته طبيعي، وليس خطأ. الفرق بين البشر هو نوع المتع التي يبحثون عنها.

فإنسان يجد متعته في الكسل والنوم والجلوس أمام التلفزيون طوال اليوم. فهذا يستمتع متعة مؤقتة تعقبها حسرة، وألم على ما ضاع من عمره.

وإنسان آخر يجد متعته في قلة النوم وفي العمل والإنجاز وأن يضيف كل عام إنجازًا جديدًا في حياته. فهذا يستمتع متعة دائمة تعقبها متعة إضافية على ما أنجزه في عمره.

والذكي هو الذي يختار المتع التي لا يعقبها ألم، ويركز على المتع التي تعقبها متع أخرى في الدنيا، ثم في الآخرة.

مكتب العمل

زرنا مكتبًا لمؤسسة يابانية متوسطة الحجم. حضرنا قبل بدء الدوام بربع ساعة لمراقبة ما يقومون به.

أولاً طبعاً ما أحتاج أقول: إن الكل حضر في الموعد، وأغلبهم حضر قبل الموعد بخمس أو عشر دقائق. بدؤوا الدوام بالصلاة الجماعية التي يقومون بها على طريقتهم. ثم اشتغلت الموسيقى وبدؤوا بعمل تمارين رياضية!! كل الموظفين بما فيهم المدير قاموا بعمل الرياضة (مثل تمارين الصباح في المدرسة) مدة خمس دقائق، ثم قاموا بعمل اجتماع؛ للتحدث عما سيقومون به اليوم، ثم ذهب كل شخص إلى مكتبه!! لا تعليق!

ولديهم عادة جميلة، وهي لوحة فيها أسماء الموظفين، وأي شخص سيخرج من مكتبه يكتب على اللوحة: إلى أين هو ذاهب ومتى سيعود!! حتى لو خرج مدة عشر دقائق يجب أن يكتب أين هو؟ ثقافة تحمل المسؤولية واحترام الآخرين في العمل تختلف عن ثقافة: أنا أخرج وقتما أريد، ومن يريدني يكلمني على الجوال!! وهذا إذا رددت عليه أصلاً.

سألنا الموظفين كم يومًا إجازة تأخذ في السنة، فقالوا: عشرة أيام!! وبعضهم قال: لم نأخذ إجازة، فعندما سـألته: أليس من حقك تأخذ إجازة؟ فقال: نعم، ولكن إذا أخذت إجازة، فهذا يسبب ضغطاً على زملائي في العمل!!

اليابان لم تنهض مصادفة، ولم تتطور من دون سبب. شعب يعشق العمل ويحترم العمل الجماعي ويقدره، ويقدم المصلحة العامة على حساب المصالح الشخصية بشكل واضح وملحوظ لكل من يتعامل معهم.

لذلك قالوا: (إذا كان العالم يلهو، فاليابان تعمل).

يا عمي، لا تحبكها

(الوقت من ذهب).. (الوقت كالسيف إن لم تقطعه قطعك).

ما أحلى الكلام الذي حفظناه منذ الصغر! ثم ترتب موعداً الساعة خمسة، فيأتي الناس الساعة الخامسة والربع!! فتقول: موعدنا الساعة الخامسة، فيقولون: يا عمي، لا تحبكها كلها ربع ساعة!!! يا فرحتي! أو تدعى إلى عزيمة عشاء، فتسأل: متى؟ فيقول الداعي: يعني بعد صلاة العشاء! سبحان الله! طيب متى بعد العشاء؟ فيرد قائلاً: يا أخي لا تحبكها العشاء ممدودة يعني تسعة ونص.. عشرة.. عشرة ونص.. يعني تعال أي وقت!! عجيب!!

كنا نصور في أحد الأسواق في طوكيو، وكان السوق يفتح الساعة العاشرة صباحاً، وصلنا مبكراً بعض الوقت، فجلسنا خارج السوق، وكانت أمام السوق ساعة كبيرة، وجاءت الساعة التاسعة وخمس

وخمسون دقيقة، ففتح الموظفون أبواب السوق، وكان هناك زبائن عديدون منتظرون في الخارج. وبينما نحن كذلك أراد شخص (زبون) أن يدخل الساعة ٩:٥٨ نعم، والله الساعة ٩:٥٨ فمنعته الموظفة، وقالت: موعد الدخول الساعة العاشرة!! فلما جاءت العاشرة (بالثانية) سمح الموظفون للزبائن بالدخول!!! سألنا بعدها المسؤولة، فقالت: نحن في اليابان نحترم الوقت، ولو جاء رئيس اليابان نفسه لم يستطع الدخول قبل الوقت المحدد!!

أعزائي متوسط تأخر القطارات في اليابان آخر أربعين سنة سبع ثوانٍ في السنة!! كنا عند محطة الحافلات، فوجدت أن مواعيد المحطة بالدقيقة! يعني مواعيد المحطة التي كنا فيها: (١٠:٥٢, ١٠:٣٤, ١٠:٢٦, ١٠:١٥) وهكذا، فجلست الساعة العاشرة والنصف أنتظر وأراقب فجاءت الحافلة الساعة ١٠:٣١ ثم انتظرت، وتحركت الساعة ١٠:٣٤ بالثانية!!! فتعجبت، وقلت: القطارات فهمنا، أما الحافلات.. ثم يأتيني العرب ويقولون لي: (لا تحبكها كلها ربع ساعة!!!) لا عجب أن اليابانيين نهضوا، ونحن قابعون في ظلام العالم الثالث والرابع والخامس!!

يا أمة ﴿وَالْعَصْرِ (١)﴾ حلف بالعصر!! يا أمة ﴿إِنَّ الصَّلَاةَ كَانَتْ عَلَى الْمُؤْمِنِينَ كِتَابًا مَّوْقُوتًا(١٠٣)﴾ مِّنْهُم خمس صلوات في اليوم والليلة بكامل الدقة في الوقت ولم نتعلم بعد؟! هل عمركم رأيتم إماماً يؤخر الصلاة حتى يحضر كل الناس إلى المسجد؟ أم أنه يبدأ الصلاة في الوقت المحدد بالثانية؟ ألا نتعلم من الصلاة؟؟ ألا ترون أن من ضمن أسباب هذه المواقيت للصلاة أن تتعلم أمة محمد احترام الوقت؟

وتقدير الوقت؟ومعرفة أن مصيرها مرتبط بمدى تقدير أهمية الوقت!!

هل ممكن بعد قراءة هذه المقالة البسيطة العفوية أن يحترم كل واحد منا المواعيد، وأن يأتي مبكراً خمس دقائق خير من أن يتأخر دقيقة واحدة عن الموعد؟

وللذين يصرون أني محبكها وأن ربع ساعة ليست قضية أقول لهم:
١٥ دقيقة × بليون ونصف مسلم = ٢٢٥٠٠٠٠٠٠٠٠

يعني اثنين وعشرون بليون سنة تراكمية على مستوى الأمة!!! بسبب هذه الربع ساعة.

اثنين وعشرين بليون سنة تراكمية أضاعتها أمة محمد!! هل ما زلت تعتقد أن ربع ساعة ليست مشكلة؟!

اللهم، أعز الإسلام باليابان

صحيح أن الانتحار منتشر في اليابان، وصحيح أن أعلى نسبة انتحار في العالم هي في اليابان. ولكن بنظرة متأملة نجد أن لهذا سببًا متعمقًا في جذور الشخصية اليابانية. الإنسان الياباني إنسان شديد الإيمان بمبادئه لدرجة تجعله يتقن ويبدع في المبادئ الصحيحة، وفي المقابل أيضا يتقن ويبدع بشكل سلبي في المبادئ الخاطئة. فهو مثلاً شديد العمل والمثابرة والحرص على المواعيد، لكنه في المقابل شديد السكر، فالكثيرون يشربون بشراهة الكحول بعد العمل.

ومن هنا نجد ثقافة الانتحار موجودة منذ مئات السنين لدى (الساموراي) حيث كان لديهم سيف للمحاربة وخنجر للانتحار في حال لم يرتقِ الساموراي لمبادئهم، أو قام بعمل خطأ يخجل منه خجلاً شديدًا لدرجة الانتحار. ثم انتقلت العادة إلى الـ «كاماكازي» وهم

الطيـارون الانتحاريون في الحرب العالمية الثانيـة، حيث كانوا يهبطون بطائراتهم على البواخر الأمريكية؛ لتدميرها وتدمير أنفسهم معها. لماذا؟ لشدة إيمانهم بمبدأ الإمبراطور والدفاع عن الإمبراطورية.

واليوم إذا لم يؤدِ وزير عمله بشكل سليم، أو ضُبط في قضية أخلاقية، فتجده من شدة الخجل مما قام به ينتحر.

أكاد أقول: إنها صفة حسـنة لديهم، إلا أنها للأسباب الخطأ. فنحن في الثقافة الإسلامية نحيي من يعرض نفسه للخطر في المعركة ويندفع نحو الأعداء؛ ليموت شـهيدًا في سبيل الله. ونحيي الصحابة الذين لشدة إيمانهم بمبادئهم الإسلامية ضحوا بأرواحهم في سبيل هذا الإيمان. من هنا أجد نقطة إيجابية أن الياباني مستعد أن يضحي بروحه في سبيل ما يؤمن به. لذلك تخيلوا لو أسلم اليابانيون وتخيلوا كيف سيكون مدى إخلاصهم وتفانيهم في سبيل الدين الإسلامي؟ صدق الرسول صلى الله عليه وسلم عندما قال: «خياركم في الجاهلية خياركم في الإسلام إذا فقهوا» لذلك كان يدعو الرسول صلى الله عليه وسلم ويقول: «اللهم أعز الإسلام بأحب العمرين إليك» فأسلم عمر بن الخطاب] وأعز الإسلام! نعم، فالإسلام يعز بالرجال.

أرجو ألا يفهم بأي شكل من الأشكال أني أروج لثقافة الانتحار، فلا شـك أن الانتحار محرم، وعلى الإنسان أن يحفظ نفسه من الهلاك. فقط كنـت أود أن أظهر جانب التفاني والإخلاص الشـديدين الموجودين لدى الشـخصية اليابانية. وهذا التفاني يمكن أن يستثمر بشكل إيجابي لو كان لأهداف صحيحة.

اللهم، أعز الإسلام باليابان، وأعز الإسلام بدخول هذا الشعب في دينك أفواجًا... آمين.

ومن يعترض على هذا الدعاء، فليتذكر دعاء الرســول صلى الله عليه وسلم لعمر] عندما كان كافرًا: (اللهم، أعز الإسلام بعمر)!!

التعليم والمدارس

الطلاب عمال نظافة

من أعظم وأرقى الأنظمة التي وجدتها في المدارس اليابانية أن الأولاد ينظفون مدرستهم بأنفسهم كل يوم!! نعم، لا تتعجبوا.. توجد ربع ساعة يومية من ضمن اليوم الدراسي يأخذ كل طفل فيها (من أولى ابتدائي وحتى الثانوي) ممسحة أو مكنسة، ويبدأ في تنظيف

الأرضيات في فصله، وفي الطرقات، ويمسح الزجاج، ويمسح الطاولات!! وهذا ليس في مدرسة أو مدرستين في اليابان، ولكن هذا هو النظام في كل المدارس!! تخيلوا!! لماذا يا ترى يفعلون ذلك؟ هل لأن المدرسة مسترخصة، ولا تريد أن تدفع أجور عمال للنظافة؟ هل لأن اليابان دولة فقيرة لا تستطيع تحمل مصاريف النظافة؟ هل لأنهم يريدون إذلال الأولاد؟ لا.. ليس لأي شيء من هذا، ولكن لكي...! لكي يُنْشِئُوا جيل النهضة!! وكيف ينشأ جيل النهضة من تنظيف المدارس؟؟ فكروا فيها ستجدون الفوائد الآتية:

تعلموا النظافة بشكل عملي ويومي، ومن ثم يستحيل لطالب أن يرمي منديلاً على الأرض؛ لأنه يعلم أنه هو الذي سينظفه لاحقًا.

تعلموا التواضع لأنهم ينزلون على أرجلهم كل يوم؛ لينظفوا فيستحيل بعدها أن يتكبر الياباني، ولذلك لن تجد يابانيّاً يحتقر عمال النظافة!

تنظيف الأولاد مدرستهم بأنفسهم

تعلموا العمل الجماعي وتوزيع المهام، حيث إن المهام التنظيفية تتغير بينهم كل أسبوع.

تعلموا تحمل المسؤولية، وأنهم سواسية، وأن كل شخص عليه أن يكون مسؤولاً.

كل هذه المبادئ الكفيلة ببناء أمة علموها لأطفالهم ليس بالوعظ، وليس بكثرة الكلام وليس بالتحفيظ والتلقين، ولكن بالعمل والمشاركة. نعم المشاركة، فالأساتذة في كل فصل يشاركون الأولاد في التنظيف يوميّاً. فيتعلم الطفل أن الكل مسؤول!!

سؤال: ما فائدة أن نحفظ الطلاب حديث: «إماطة الأذى عن الطريق صدقة» ثم يختبر في: من هو راوي الحديث؟ وما معنى كلمة «إماطة»؟ ومتى توفي راوي الحديث؟ ثم يخرج الطالب من الاختبار، وقد أجاب إجابات صحيحة، لكنه يخرج ويرمي ورقة الاختبار على

الأرض؟ هـل علمنا هذا الطالب مبدأ النظافة؟ هل ربيناه على النظافة؟ أم فقط حفظناه حديثًا؟! أنا لست ضد تحفيظ الأحاديث، ولكن ما فائدة التحفيظ إن لم يأتِ معه عمل؟!

الناس التي ستقرأ هذا قد تقول: نحن نرسل أولادنا لكي يتعلموا، وليس لكي ينظفوا المدارس. أقول لهم: مع الأسف لم تفهموا المقصود!! تنظيف المدرسة هو التعليم، وهو التربية بحد ذاته. فالعلم الذي لا ينفع لا يفيد شـيئاً، والرسول صلى الله عليه وسلم كان دائمًا يقول: «اللهم ، ارزقني علمًا نافعًا» والعلم إن لم يتحول إلى عمل في المدرسة، فلا فائدة منه.

لا نريد من المدارس أن تخرج لنـا أولادًا يحفظون جدول الضرب، ولكن يسخرون من عمال النظافة، ويؤذونهم في الشوارع.

لا نريد من المدارس أن تخـرج لنا أولادًا يفهمـون قانون الجاذبية، ولكنهم لا يحترمون قواعد المرور والأنظمة!

نريد مدارس تربي قبل أن تعلم!

رسـالة ودعوة إلى وزراء التعليم والرؤسـاء في كل البلاد الإسلامية أن يتبنـوا هذا النظام في كل المدارس؛ حتى يخرج جيـل متواضع لديه الأخلاقيات الأساسية لنهضة الأمة.

أدعو الله -عز وجل- من كل قلبي أن يعينكم ويشرح صدوركم لتطبيق هذه الفكرة.

تعليم التواضع

كيف نـربي أولادنا على التواضع؟ قد يحفظ الولد الحديث: «من تواضع لله رفعه» ولكن في الوقت نفسه يكون في قلبه كبر فرعون!! فحفظ الحديث النبوي وحده لا يعلم التواضع.

كنت قد ذكرت الفكرة الرائعة التي تطبق في المدارس اليابانية، حيث يقوم الطلاب بتنظيف مدرستهم كل يوم!

ولكن هذا الأمر لا يطبق مع الأسف في مدارسنا ولأني لا أريد أن أضيع الوقت، وأنتظر أن يـأتي تعميد لتطبيقه، فقد قمت بتنفيذ الفكرة

مع أولادي في المنزل.

أعلنت لرولا ويوسف وإبراهيم منذ شهر أن يوم الجمعة سيكون يوم العمل الذاتي وخدمة النفس. إجازة كاملة للخدم، ونقوم أنا ويوسف وإبراهيم بتنظيف حمامات المنزل بالكامل، ثم نقوم بتحضير الإفطار بأنفسنا، وبعد الأكل كل شخص يقوم بتنظيف صحنه بنفسه!

عملية رائعة وموفقة، وجدت فيها متعة نفسية جميلة وفي الوقت نفسه استمتع الأولاد وأخذوا الأمر كأنه لعبة. وأحس الأولاد لأول مرة طبيعة عمل الخدم. حيث لاحظت أن يوسف في البداية كان يشعر بالقرف عندما بدأ تنظيف المرحاض، فقلت له: تخيل أن الخادمة تقوم بهذا العمل يوميّاً!

كما قمنا بكتابة خطاب وقع عليه الأولاد نشكر فيه الخادمة على عملها في المنزل. وجدت أن هذا الأمر يساوي ألف موعظة وألف محاضرة للأولاد.

لذلك أكرر المبدأ العالمي في التربية:

قل لي، وسوف أنسى.

أرني، وقد أتذكر.

أشركني، وسوف أفهم.

أكل في المدرسة

كنظام يومي في المدارس اليابانية:

بعد دق جرس الحصة فورًا يقوم طلاب الابتدائي بتجميع طاولات الفصل على شكل مربع، في كل مربع أربع طاولات لتكوين سفرة أكل، ثم يخرج كل طالب مفرشًا خاصًا به أحضره من المنزل. في هذه الأثناء يلبس خمسة من طلاب كل فصل زيّاً موحدًا ويقومون بإحضار الأكل ووضعه على شكل بوفيه، ويقومون بتقديم الأكل للطلاب الباقين. الأكل موحد والعبوات لكل طالب موحدة، وكل يأخذ نصيبه، ثم يجلس في مكانه، وينتظر أن يأخذ الجميع أكله. ثم يقوم طالب إلى رأس الفصل، ويذكر الطلاب بنعمة الأكل المقدم، ويحني جميع الطلاب رؤوسهم على الطريقة اليابانية، ثم يبدأ الجميع في الأكل. ويشارك

أستاذ الفصل الأكل مع باقي الطلاب. في هذه الأثناء يقوم أي طالب يريد أكلاً إضافيّاً إلى البوفيه، وفي حالة انتهاء الطلبة، وبقي أكل فائض يأخذونه

إلى الفصول الأخرى لمن يريد أكلاً زيادة. كل الطلاب ينهون أكلهم، ولا يبقون أي شيء في صحونهم، ثم يقومون ويضعون الصحون في الأماكن المخصصة!!

طلبنا من مدير المدرسة تصوير المطبخ، فرفض وقال: «حتى أنا ممنوع من دخول المطبخ؛ حفاظاً على سلامة الأكل» ثم مع الحديث

نظام أكل الطلاب اليومي في المدارس من أروع ما رأيت؛ لتعليمهم المبادئ والأخلاقيات الخاصة بالأكل بشكل عملي دون تنظير

معه اكتشفنا أن مدير المدرسة يأكل قبل الطلبة بنصف ساعة من أكلهم نفسه؛ للتأكد من أن الأكل سليم، ولن يمرضهم! سبحان الله!

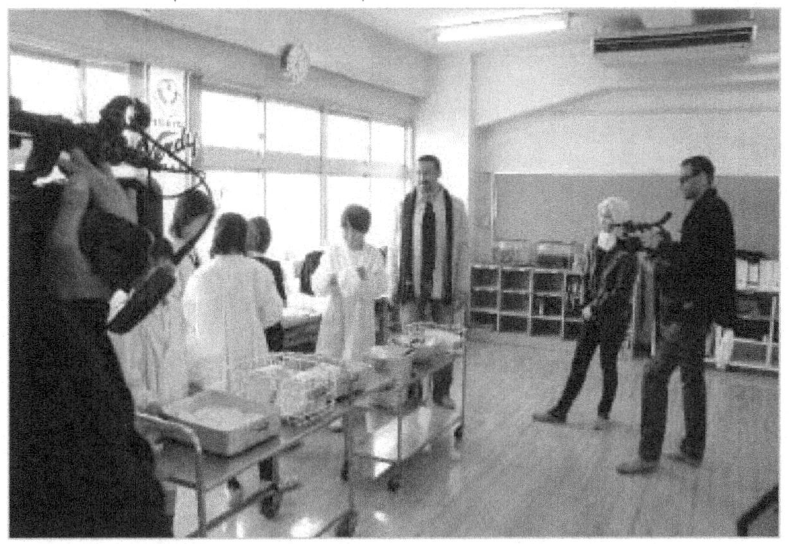

ثم بعد الانتهاء يأخذ كل طالب فرشة أسنانه الموضوعة في الفصل في جهاز تعقيم مخصص، ثم يذهب الطلاب لتنظيف أسـنانهم، ثم يعودون ويضعون فرش الأسنان في المكان المخصص. مع كل طالب فوطة أو منشفة لتنشيف يده، بدلا من استخدام المناديل الورقية؛ وذلك حفاظاً على البيئة!

ما أروع ما رأيت! ووالله كلما أتذكر هذا النظام أشعر بسعادة كبيرة في قلبي على هذا الرقي في تربية الأولاد في المـدارس. تعلموا التعاون والنظام والنظافة والسـواك والتواضع خلال هذه النصف ساعة اليومية! ليس بالوعظ وكثرة الكلام والحفظ، ولكن بالتطبيق والمشاركة.

أدعو الله -عز وجل- من كل ذرة في قلبي أن يتم تطبيق هذا النظام في المدارس في العالم الإسـلامي، وسترون أثر ذلك رائعًا على تنشئة جيل يمكن أن يعتمد عليه؛ ليبني مستقبلاً أفضل لبلادنا.

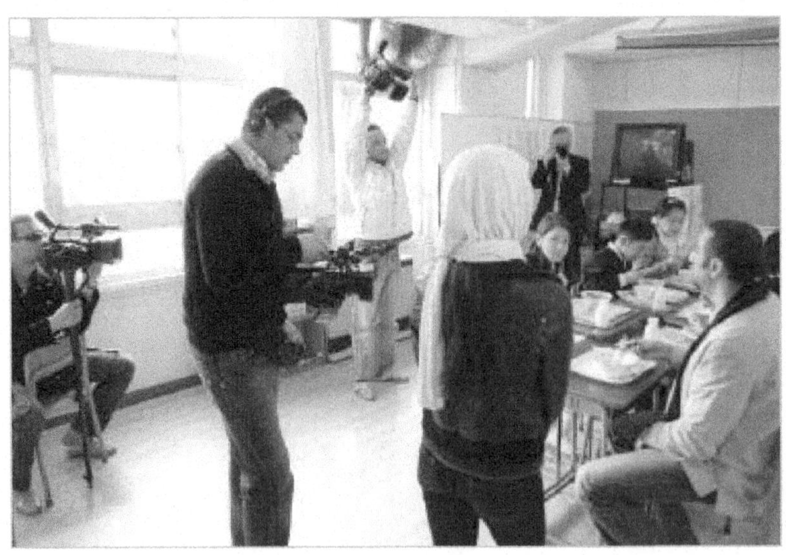

كيف يذهب ولدك للمدرسة؟

منظر أولاد الابتدائي في اليابان في الشوارع في طريقهم إلى المدرسة رائع ويشرح الصدر!!

أولاد أعمارهم ست سنوات، وأكبر يمشون على أرصفة الشوارع بنظام عجيب، وعليهم حقائب موحدة. وقد خصصت مدرسة الحي موظفين كل يوم صباحًا، يقفون عند التقاطعات، عملهم الوحيد أن يساعدوا الأطفال على المرور في التقاطع بسلام، ومعهم علم مخصص لذلك؛ حتى تعلم السيارات وتنتبه..

لاحظت أن الأطفال عندما يقطعون الشارع، بعضهم يرفع يده، فسألت، فقالوا لي: إن النظام للأطفال الصغار أن يرفعوا أيديهم عند قطع الشارع؛ حتى يضمنوا أن تراهم السيارات؛ لأنهم قصار القامة!! ويخرج مدير المدرسة كل يوم صباحاً؛ لكي يحيي هؤلاء الطلبة عند دخولهم المدرسة!!

أن تترك طفلك (أولى ابتدائي) يذهب إلى المدرسة وحده دليل على أحد أمرين: (١) إما أنك لا تبالي ولا تهتم به (٢) أن البلد الذي

أنت فيه منظم وآمن لدرجة تســمح لك أن تثق في هذا النظام وأن تترك الطفل وأنت مرتاح البال!!

لاحظت أنهم في اليابان يحملون الأطفال مسؤوليات منذ سن مبكرة، ولاحظت أنهم في الوقت نفسه يحرصون على إعطائهم هذه المسؤولية مع توفير الأمان والسلامة الكاملة لهم!!

شنط كل الأولاد في اليابان موحدة بتصميم مدروس يحافظ على سلامتهم

لذلك لا نتعجب عندما نعلم أن الأستاذ في اليابان عندما ينادي طفل الصف الأول الابتدائي يناديه بالأستاذ (فلان)!!

الزبدة مصنوعة من (إيش)؟

لو سـألت: الزبدة مصنوعة من (إيش)؟ المربى؟ الجبنة؟ هل نعرف الإجابة؟ هل أطفالنا يعرفون الإجابة؟ لا أخفيكم لم أفكر في هذه الأمور منذ زمـن، فالواحد صار يأكل دون تفكير وتأمل. كلما زاد الارتباط بالتكنولوجيا، وقلّ الارتباط بالأرض والطبيعة والحيوانات والنباتات تأثرت النفس، وقلّت الروحانية وضعف الارتـبـاط بالله عـز وجـل. لذلك قال تعالى: ﴿ وَهُوَ الَّذِي مَدَّ الأَرْضَ وَجَعَلَ فِيهَا رَوَاسِيَ وَأَنْهَـارًا وَمِن كُلِّ الثَّمَرَاتِ جَعَلَ فِيهَا زَوْجَـيْنِ اثْنَيْنِ يُغْشِي اللَّيْلَ النَّهَارَ إِنَّ فِي ذَلِكَ لَآيَاتٍ لِّقَوْمٍ يَتَفَكَّرُونَ(٣) ﴾ [الرعـد: ٣]، وقال: ﴿ وَأَوْحَى رَبُّكَ إِلَى النَّحْلِ أَنِ اتَّخِذِي مِنَ الْجِبَالِ بُيُوتًا وَمِنَ الشَّـجَرِ وَمِمَّا يَعْرِشُونَ {٦٨} ثُمَّ كُلِي مِن كُلِّ الثَّمَرَاتِ فَاسْلُكِي سُبُلَ رَبِّكِ ذُلُلاً يَخْرُجُ مِن بُطُونِهَا شَرَابٌ مُّخْتَلِفٌ أَلْوَانُهُ فِيهِ شِـفَاءٌ لِلنَّاسِ إِنَّ فِي ذَلِكَ لآيَةً لِّقَوْمٍ يَتَفَكَّرُونَ(٦٩) ﴾ [النحل: ٦٨، ٦٩].

ومــن أرقى الأمور الإيجابية التي تنمي الطفــل أن نكون لديه منذ ســن صغير ارتباطاً وفهمًا للحيوانات والنباتات. المهم ألا يكون عن طريق التحفيظ والتلقين، فهذا ممل ولا يؤتي أي فائدة غــير تطفيش الطفل. طيب ما الحل؟ الحل أن يشارك الطفل، وأن تكون هناك أنشطة خارجية يتفاعل فيها الطفل مع الحيوانات مباشرة. وهذا ما وجدناه في «Mother Farm» في اليابان. مزرعة كبيرة معدة لاستقبال الزوار، والأطفال يقومون فيها بأنشطة مختلفة، منها:

حلب بقرة! تخرج كل ساعة بقرة حلوب وزنها ما شاء الله ٦٠٠

كجم، ويصطف الأطفال مع أهلهم (أطفال ٤ ســنوات وما فوق) ويأخذون دورهــم في حلب البقرة. منظر جميل! ولأول مرة في حياتي أقوم بحلب بقرة! نشاط جميل وسلس للأولاد، يعلمهم أمرًا يلمس حياتهم اليومية دون أن يعرفــوا. فحلب البقرة منه تأتي الزبدة والجبنة والحليب الذي يشربونه كل يوم! وهكذا نعيد الأطفال إلى استشعار نعمة الله عز وجل.

وتخيلوا لو أنه في أثناء هذه اللعبة المسلية قال لهم المسؤول: إن الرسول صلى الله عليه وسلم قال لأحد الصحابة: «ومرهم أن يحسنوا أعمالهم ويقلموا أظافرهم؛ حتى لا يخدشوا ضروع مواشيهم إذا حلبوا» تخيلوا وقع هذا الحديث على الأطفال في هذا الموقف مقارنة بأن يكون مكتوبًا بأسلوب جاف في كتاب!! لا أجد أحلى ولا أنفع من أن نربي أطفالنا عن طريق المشاركة، ولا أجد أكثر مللاً وأقل نفعًا من أن نربي أولادنا عن طريق التحفيظ الممل.

يتم عمل عرض كل ساعة لحركة عشرات الخرفان التي يقودها راعٍ

إلى مكان مخصص مسور. ثم يشرح للأطفال أنواع الخرفان المختلفة، ويشرح كيف يقوم راعي الغنم بتحريكها وكيف تمشي في قطيع، وكيف تتم الاستعانة بالكلاب في تلك العملية. ثم يتم فتح السور ويسمح للأطفال بالدخول ولمس الخراف عن قرب! ما أحلى لو تم إدخال حديث: «ما من نبي إلا ورعى الغنم» ويتم تفهيم الأولاد لماذا كان الرسول صلى الله عليه وسلم راعي غنم، وما هي المهارة التي تتوافر لراعي الغنم، وقد تساعده أيضًا في التعامل مع الناس في حياته اليومية؟

يتم تعليم الأولاد اللعب مع الأرنب، وعمل سباقات مختلفة مع حيوانات مختلفة، ثم يتم تعليمهم كيف يصنعون زبدة وجبنة بأنفســهم. (لأول مرة أصنع جبنة بنفسي)!! ويتم ربط هذا الأمر بحلب البقرة؛ حتى يعلم الأولاد أن الطعام الموضوع على الطاولة ويأكلونه كل يوم ما هو أساسه؟

يقوم الأطفال بقطف الزهور، والتقاط الفاكهة، مثل الفراولة وغيرها.

تفاعل جميل مع الطبيعة وخلق الله -عز وجل- في جو عائلي رائع

(فكل الأطفال مع الأب والأم، ولا يوجد خدم، وهذه ثقافة يابانية... لا يوجد خدم عند الياباني، والأولاد مسؤولية كاملة للأم والأب!!) جو رائع مُسَلٍّ ومُرَبٍّ في الوقت نفسه.

ليتني أرى مثل هذه المزارع في عالمنا العربي!

خواطر

هل تعلم..؟

١. قد يقول بعض الناس: إن المقارنة بدولة مثل اليابان مقارنة غير عادلة، وأقول: إنه قد آن الأوان لأن نقارن أنفسنا بالأفضل في العالم حتى نرفع معاييرنا، وكما قالوا: ضع هدفك عند النجوم، حتى إذا لم تصب الهدف تصل إلى القمر.

٢. هل تعلم أن الأطفال اليابانيين ينظفون مدارسهم كل يوم لمدة ربع ساعة مع المدرسين من ضمن الدوام المدرسي؛ مما أدى إلى ظهور جيل ياباني متواضع وحريص على النظافة.

٣. هل تعلم أن المواطن الياباني الذي لديه كلب يحمل دائماً معه شنطة وأكياس خاصة لالتقاط فضلات الكلب؛ حرصاً على نظافة المدينة, وعندما سألتهم لماذا هذا الحرص الشديد على النظافة كانوا يجيبون قائلين: هذه الأخلاق اليابانية!

٤. هل تعلم أن عامل النظافة في اليابان يسمى «مهندساً صحياً»

ويحصل على ٥٠٠٠ إلى ٨٠٠٠ دولار أمريكي في الشهر، وحتى يسمح لك أن تكون عامل نظافة يجب أن تنجح في اختبارات خطية وشفوية!!

٥. هل تعلم أن اليابان ليس لديها أي موارد طبيعية، وأنها تتعرض لمئات الزلازل سنوياً ولم يمنعها ذلك من أن تصبح ثاني أكبر اقتصاد في العالم، وفي هذا درس عظيم أنه بالعزيمة والاجتهاد تتغلب الدول على كل الصعوبات.

٦. هل تعلم أن هيروشيما عادت إلى ما كانت عليه اقتصادياً قبل سقوط القنبلة النووية خلال عشر سنوات فقط.

٧. هل تعلم أنه يمنع استخدام الجوال في القطارات والمطاعم والأماكن المغلقة حفاظاً على عدم إزعاج الآخرين، وأن المسمى في الجوال لوضعية الصامت هي كلمة (أخلاق).

٨. هل تعلم أنه في اليابان تدرس مادة من أولى ابتدائي إلى سادسة ابتدائي اسمها "The Ways of the Moral" أو أسلوب حياة صاحب الأخلاق في جميع المدارس اليابانية. يتعلم فيها الطلاب كل ماله علاقة بالأخلاق والتعامل مع الناس.

٩. هل تعلم أن اليابانيين بالرغم من أنهم من أغنى شعوب العالم إلا أنهم ليس لديهم خدم! فالأب والأم هما المسؤولان عن البيت والأولاد.

١٠. هل تعلم أنه لا يوجد سقوط في المدارس من أولى ابتدائي إلى ثالثة متوسط؛ لأن هدف المدرسة في هذه المرحلة هي التربية وغرس المفاهيم، وليس فقط التعليم والتلقين والتحفيظ، ولكن الهدف هو بناء الشخصية اليابانية.

١١. هل تعلم أنك إذا ذهبت إلى مطعم بوفيه في اليابان فستلاحظ أن الناس تأخذ من الأكل على قدر حاجتها، ولا يترك أحد أي أكل في صحنه.

١٢. هل تعلم أن معدل تأخر القطارات في اليابان خلال العام = ٧ ثوان في السنة !! فهو شعب يعرف قيمة الوقت، وأنه دون الحرص على الثواني والدقائق فيستحيل أن تنهض أي أمة أو أن يبدع أي إنسان.

١٣. هل تعلم أن الأطفال في المدارس يأخذون فرش أسنانهم (المعقمة) وينظفون أسنانهم في المدرسة بعد الأكل؛ فيتعلموا بذلك الحفاظ على صحتهم منذ سن مبكر.

١٤. هل تعلم أن مدير المدرسة يمنع من دخول مطبخ المدرسة، وعليه الأكل من أكل الطلاب نفسه وقبلهم بنصف ساعة للتأكد من سلامة الأكل!! وعندما سألته لماذا هذا الحرص قال: هؤلاء الطلاب هم مستقبل اليابان.

١٥. هل تعلم أنه يوجد في كل شوارع اليابان ممرات خاصة للعمي. وأن الأعمى يستطيع أن يركب ويخرج من القطارات في اليابان لوحده دون مساعدة أحد؛ لأن كل المرافق مجهزة له؟ (ليس على الأعمى حرج).

١٦. هل تعلم أنه توجد مكتبة في اليابان للمكفوفين فيها ٧٠٠٠٠ كتاب بما فيها القرآن بلغة برايل للمكفوفين؟.

١٧. هل تعلم أنه توجد أجهزة "vending machines" لبيع كل ما يخطر على بالك لدرجة إمكانية شراء شمسية، شراب، أدوات حلاقة كلها من أجهزة موجودة في الشوارع؟

١٨. هل تعلم أنه يوجد "vending machine" خاصة لبيع الكتب في شوارع اليابان؟!

١٩. هل تعلم أنه أصبح بإمكانك في أماكن عديدة شراء ما تريد بالجوال! نعم فقط تضع الجوال على جهاز فيسحب مبالغ مخزنة مثل كرت الفيزا!!

٢٠. هل تعلم أن الأطفال يخلعون الجزم قبل دخول المدرسة، ويلبسون جزماً خاصة بالمدرسة حفاظاً على سلامة ونظافة المدرسة؟

٢١. هل تعلم أن جرس الفصل في المدرسة عبارة عن صوت موسيقى وليس جرس إنذار مطافئ كما هو في المدارس لدينا؟

٢٢. هل تعلم أن نسبة السمنة ٣٪ فقط، وأنك إذا مشيت في شوارع اليابان مدة أيام قد لا تجد سميناً واحداً!!

٢٣. هل تعلم أنه بالرغم من الزحام ولكنك لا تسمع أي (بوري) أو (كلكس) أو (زمور) أكثر من مرة أو مرتين في اليوم؛ وذلك لأن الشوارع مزدحمة ولكنها منظمة، والكل يحترم النظام؟

٢٤. هل تعلم أن نسبة الأمية في اليابان = صفراً! والآن يتحدثون عن أمية الكمبيوتر، وأنه ينبغي أن لا يكون هنالك ياباني لا يستطيع أن يتعامل مع الكمبيوتر؟

٢٥. هل تعلم أنه في الحمام يوجد زر نضغط عليه؛ فيصدر صوت «فلاش» أي صوت شدة سيفون من دون ماء. لماذا؟ حتى يستخدمه الشخص عندما يتوقع صدور أصوات مزعجة منه في الحمام فيضغط عليه حتى يغطي على الصوت وحتى لا يزعج غيره.

٢٦. هل تعلم أن الأطفال يسيرون في الشوارع لوحدهم إلى المدارس كل يوم في كل أمان ونظام.

٢٧. هل تعلم أن الأساتذة ينادون طلاب الابتدائي فلان «سان»، وسان كلمة معناها أستاذ، وهذا مع كل الطلبة من أولى ابتدائي. وذلك من باب الاحترام في التعامل مع الطلبة !

٢٨. هل تعلم أن مدير محطة قطار يابانية انتحر بسبب أن أحد القطارات في شركته تأخر لبضع دقائق عن موعد فلم يحتمل الضغط عليه في الصحف والأخبار.

٢٩. هل تعلم أن سر النهضة اليابانية بسيط، فهم ليس لديهم ذكاء خارق، بل هي معادلة بسيطة ولكن عميقة: علم + أخلاق + عمل = نهضة.

٣٠. هل تعلم أن دولة ماليزيا انقلب حالها وتطورت في غضون جيل واحد فقط. خمسة وعشرون سنة كافية لتغيير أمة.

مسودة الكتاب

خواطر في اليابان

اللهم أعز الإسلام باليابان

صحيح أن الانتحار منتشر في اليابان وصحيح أن أعلى نسبة انتحار في العالم هي في اليابان
ولكن نظرة متأملة نجد أن لهذا سبب متعمق في جذور المجتمع الياباني. الإنسان الياباني
إنسان شديد الإيمان بمبادئه لدرجة تحوله يتقن ويبدع في المبادئ الصحيحة وفي المقابل أيضاً
يتقن ويبدع بشكل مدمر في المبادئ الخاطئة. فهو مثل شديد العمل والمثابرة والحرص على المواعيد لكنه
في المقابل شديد السكر فالكثيرون يشربون بشراهة بعد العمل
ومن ضمنها ثقافة الانتحار موجودة منذ مئات السنين لدى (الساموراي) حيث كان
لديهم سيف للمحاربة وخنجر للانتحار في حال لم يرتق الساموراي لمبادئهم أو قام بعمل خطأ؟
فيجعل منه محل تقديم لدرجة الانتحار. ثم امتدت العادة إلى الكاميكازي وهم الطيارون الانتحاريون
في الحرب العالمية الثانية حيث كانوا يسقطوا بطائراتهم على السفن الأمريكية لتدميرها وتدمير
أنفسهم معها. لماذا؟ لشدة إيمانهم بمبدأ الإمبراطور والدفاع عن الإمبراطورية.
واليوم إذا لم يؤد وزير عمله بشكل سليم أو تم خطأ في قضية أخلاقية [illegible] أعلن انتحاره
أكاد أقول أنها صفة حسنة لديهم إلا أنها للأسباب الخطأ. فهي مثل القاعدة
الإسلامية خير من يعرض نفسه للخطر في المعركة ويندفع نحو الأعداء ليموت شهيداً في سبيل
الله. ومثل الصحابة الذين لشدة إيمانهم بمبادئهم الإسلامية ضحوا بأرواحهم في سبيل
هذا الإيمان. ومن هنا أجد نقطة إيجابية أن الياباني مستعد أن يضحي بروحه في
سبيل ما يؤمن به. لذلك تخيلوا لو أسلم اليابانيون وتخيلوا كيف سيكونون من
إخلاصهم وتفانيهم في سبيل الدين الإسلامي؟؟ صدق الرسول عندما قال: "خياركم في الجاهلية
خياركم في الإسلام إذا فقهوا" لذلك كان معروفاً الرسول يقول: "اللهم أعز الإسلام
بأحب العمرين إليك" فأسلم عمر بن الخطاب وأعز الإسلام! نعم فالإسلام يعز بالرجال.
اللهم أعز الإسلام باليابان وأعز الإسلام بدخول هذا الشعب في دين الله أفواجاً... آمين

قمت بكتابة هذا الكتاب في ٣ أيام على ما أعتقد؛ فقد وجدت نفسي أكتب دون توقف، لذلك كان الخط سيئاً وصعب الفهم، وشكر خاص للأخت آيات على تحملها نقل هذا الخط مطبوعاً إلى ملفات (وورد)

خواطر من اليابان

أدب الجوال عند اليابانيين

عيب في اليابان أن يرن هاتف الجوال في الأماكن المغلقة. هذا يعتبرونه قلة ذوق وإزعاج للآخرين لذلك في كل القطارات والمطاعم توجد لوحة (ممنوع أن يرن الجوال).

تحتوي الجوالات هناك أوضاع مختلفة (الهزاز، الصامت، السماعة، الخ)

هل تعرفون ما هي تسمية "وضع الصامت" في الجوال الياباني؟؟ التسمية هي manner mode يعني "وضع الأخلاق"!! تعجبت من هذه التسمية ثم قلت في نفسي ليست غريبة على اليابانيين! فبالنسبة لليابانيين هو وضع الهاتف على الصامت حتى لا يزعج غيره وبالتالي لابد هذه هي الأخلاق وبالتالي كان من الطبيعي لديهم تسمية هذا الوضع في الجوال "الأخلاق"!

أتعجب كيف أن الثقافة لدينا هي العكس تماماً! إلى العكس بمئة ١٨٠ درجة! عندنا يفتخر الشخص أن يرفع صوته في الجوال وكأنه يريد أن يسمع الناس. تجد الشاب يبغى يسمع الناس أنه قاعد يكلم بنت ورجل الأعمال يبغى يسمع الناس أنه قاعد يكلم عالميين وآخر يبغى يسمع الناس [illegible] أنه محتاج الله "جل" وما يهمه إزعاج الآخرين لأنه هو المهم.. والأعجب أنك إذا تحدثت إلى هذا الشخص وقلت له يا أخي وطي صوتك! انزعج وتأفف وقال: وأنتا إيش دخلك!! سبحان الله إيش دخلي؟! وهل تريد أن تحتفل بأمك!! أليس لي حق أن أنزعج من صوتك العالي؟! وإيش ذنبي أنا أسمع مشاكلك في العمل ولا غرامياتك ولا نكدك مع مدامتك؟ يا أخي انت في مكان عام وليس في بيتك.

تعرفوا ليس المشكلة أن الناس تعلي صوتها، المشكلة الأكبر أنها لا تعتبر أن هذا الشيء خطأ وأنها لا تعطي أي اهتمام للآخرين وأنها تغضب بشكل كبير وغرور إذا أحد نصحها!!

وطبعاً لن أدخل هنا في موضوع الجوالات في المسجد لأن هذا أمر تحدث فيه الكثير وتكلم فيه غيري كثير! ولكن الشاهد هو حديث الرسول قال "يا معشر من آمن بلسانه ولم يؤمن قلبه لا تؤذوا المسلمين"

ثم أجد الياباني حريصاً على تطبيق هذا الحديث وهو لا يعرفه حريصاً لدرجة أن يسمي وضع الصامت "وضع الأخلاق" بينما المسلم الذي يحفظ هذا الحديث يضرب به عرض الحائط ويقول: أنا حر، واللي مو عاجبه يضرب راسه في الحيط!

ولا حول ولا قوة إلا بالله.

الطريف في هذا الأمر أن اليابانيين عندهم [illegible] في الحفلات أكثر من احترام المسلمين لبيوت الله المسجد. ولا تقولوا لي الناس تنسى [illegible] أو أحد ينسى في القطارات [illegible]!!
وبعدين [illegible] أنا [illegible] كل صلاة يوم الجمعة [illegible] دائماً [illegible] الجوالات [illegible]!!

الروضة مصنوعة من ايش؟؟

لو سألت: الروضة مصنوعة من ايش؟ المربي؟ الجنة؟ هل نعرف الإجابة؟ هل أطفالنا يعرفون الإجابة؟ [illegible] كلما زاد الارتباط بالتكنولوجيا قل الارتباط بالأرض والطبيعة والحيوانات والنباتات فأثرت النفس وقلت الروحانية وضعف الارتباط بالله. لذلك قال تعالى: "........" [illegible]

ومن أرقى الأمور الروحانية التي تنمي الطفل أن تكون لديه منذ سن صغير أوساط ومهام للحيوانات والنباتات. المهم أن لا تكون عن طريق التخطيط والتلقين فهذا ممل ولا يؤثر أي شيء في نفس الطفل [illegible] الأهم أن يشارك الطفل وأن تكون هذه النشاطات حاجة يتفاعل فيها الطفل مع الحيوانات مباشرة. وهذا ما رأيته في "Mother Farm" في اليابان. مزرعة كبيرة معدة لاستقبال الزوار والأطفال يقومون فيها بنشاطات مختلفة منها:

١) حلب بقرة! تخرج كل ساعة بقرة حلوب ورزقنا ما شاء الله ... ٦ [illegible] ويحضر الأطفال مع أهاليهم (أطفال ٤ سنوات وما فوق) ويأخذون دورهم في حلب البقرة. منظر جميل! ولأول مرة في حياتي أقوم بحلب بقرة :) . نشاط جميل ومسلي للأولاد يعلمهم أمر [illegible] في حياتهم اليومية دون أن يعرفوا. يحلب البقرة منه تأتي الزبدة والجبنة والحليب الذي يشربونه كل يوم؛ وهكذا يصل الأطفال إلى استشعار نعمة الله. [illegible] هذه اللعبة المسلية قال لهم المسؤول الرسول صلى الله عليه وسلم قال لأحد الصحابة "ومرهم أن يحسنوا [illegible] ويقلموا أظافرهم حتى لا يخدشوا ضروع مواشيهم إذا حلبوا". [illegible] الأطفال في هذا الموقف [illegible] من كتابنا!!! لا أجد أحلى ولا أنفع من أن نرى أطفالنا عن طريق المشاركة [illegible] وأكثر نفعاً من أن نرى أولادنا عن طريق الحفظ الممل.

٢) يتم كل [illegible] كل ساعة [illegible] لعرض الخرفان تقوم [illegible] ثم تشرح للأطفال أنواع الخراف المختلفة وشرح كيف [illegible] وكيف [illegible] ثم يتم فتح السور ويسمح للأطفال [illegible] (ما منه [illegible] ومن الغنم) ويتم تفهيم الأولاد لماذا كان الرسول راعي غنم [illegible] التي تتوفر [illegible] في التعامل مع الناس في حياته اليومية.

٣) يتم تعليم الأولاد [illegible] كيف يصنعوا زبدة وجبنة بأنفسهم (لأول مرة [illegible]) !! ويتم ربط هذا الأمر [illegible] الذي يأكلونه كل يوم [illegible]

٤) تقوم بالأطفال بقطف الزهور [illegible] والتقاط الفاكهة من [illegible]

تفاعل جميل مع الطبيعة وخلق الله في جو عائلي رائع (معظم الأطفال مع الأب والأم ولا يوجد خدم [illegible] يابانية ... لا يوجد خدم عند اليابانيين والأولاد مسؤولية كاملة للأم والأب!!) جو رائع ومسلي وتربوي في نفس الوقت.

نتمنى [illegible] أن نرى مثل هذه المزارع في عالمنا العربي.

ملحق الصور

تســابقت مع رجل ياباني عمره ٦٥ سنة، فسبقني فتعلمت أن طبيعة الأكل ونوع الرياضة لها دور كبير في صحة الإنسان

وأن الصحة قد تبقى معك إلى سن كبير لو حرصت على الاهتمام بها

أكثر موسم تأثر فيه من هم خلف الكاميرات فكنت دائما أرى علامات

أمام المبنى الوحيد الذي بقي صامدا في هيروشيما بعد القنبلة

الأكل مع الطلبة في المدرسة

الأخ حسن محمد جميل والذي ساعدنا مشكوراً في ترتيب زيارة شركة: تويوتا

النوم سلطان

النوم سلطانان

النوم ثلاثة سلاطين

النوم أربعة سلاطين

في مصنع تويوتا

عمرو الكووول

فريق العمل-من اليمين- أحمد، عمرو، محمد، هشام، وهيثم

كنا نقضي أوقاتاً طويلة في السيارة فكان الكتاب خير ونيس

محمد عبد الصمد منتجنا العظيم في لحظة تأمل خنفشارية

محمد وهشام

ييسو مسؤول المواصلات في أثناء رحلتنا